Impressum:

Autor: Charles Forbellah Morfaw

Kontakt: lebenin2welten@yahoo.com

Übersetzung aus dem Englischen und Layout: Klaus Nelißen

Redaktion: Juliane Bittner

Lektorat: Heinz-Willi Schorn

Photos: Renate Hofmann

Druck:

Joh. Burlage, Münster

Juli 2007

Geleitwort

Dieses Buch kann ich nicht unbeteiligt lesen. Es ist aufregend und zugleich herausfordernd und kann die Leserin und den Leser zu einem persönlichen Engagement für Afrika, Kamerun und besonders für Fontem inspirieren.

Ich kenne die Geschichte von Fontem von Anfang an und verfolge die Entwicklung dort noch mehr, seit ich im Jahr 1976 für zwei Wochen dort zu Gast sein durfte. Seitdem sind für mich die afrikanischen Werte der Familie, der Solidarität, der Ehrfurcht vor der Wirklichkeit Gottes und die unmittelbare natürliche Lebensfreude Ansporn für meine Tätigkeit als Priester der katholischen Kirche.

Den Lebensweg von Charles Morfaw und seiner Ehefrau Maureen durfte ich in Bonn ein Stück weit begleiten. Als sie in Bonn Pädagogik studierten und heirateten, lebte auch ich in dieser Stadt. Ich erlebte hautnah die Liebe von Charles zu seinem Volk, besonders als er sich in der Studentengemeinde so sehr um Spenden für eine Wasserleitung in seinem Dorf bemühte. Er war unbedingt gewillt, den Frauen das so aufwendige und kräftezehrende Wasserholen an der weit entfernten Wasserstelle zu ersparen. Ich sehe noch seine Freude, als diese Wasserleitung endlich gebaut werden konnte.

Immer wieder hat Charles seiner Verehrung für Chiara Lubich/Rom, der Präsidentin der internationalen Fokolarbewegung, Ausdruck gegeben.

Chiara Lubich weiß sich in besonderer Weise dem Volk der Bangwa verbunden. Mich wundert nicht, dass er sich mit Berufung auf Chiara Lubich öffentlich vor seinem Stamm zur monogamen Ehe bekannte. Das war nicht einfach in einem Land, in dem auch christliche Politiker sich mit Bezug auf gewisse Stammestraditionen das Recht auf mehrere Frauen ausnehmen. Es erregt bis heute großes Aufsehen.

Doch Charles hat seine Entscheidung ohne großes Aufsehen und Konfrontation gefällt und mit beispielhafter Führungskraft sich zu seiner Frau als einziger Lebensgefährtin bekannt – ein Meilenstein in der Entwicklung und Durchsetzung der Gleichberechtigung von Frau und Mann in seinem Land.

Genau dieses Ziel einer aufrichtigen Gleichberechtigung und Fürsorge steht auch im Fokus der Pädagogik des von Charles und Maureen gegründeten Kindergartens und der gerade fertig gestellten Grundschule.

Ich wünsche Charles und seiner Frau Maureen weiterhin für den Dienst als Chief die Kraft, bei der Entwicklung der Lebensverhältnisse seines Volkes immer neu das Evangelium in den Blick zu nehmen und sich an dieser frohen Botschaft direkt zu orientieren.

Wilfried Hagemann,

Münster

Danksagung

Ich bin so vielen deutschen Familien, Pfarrgemeinden, Organisationen und einigen Einzelnen für ihre moralische und finanzielle Hilfe zutiefst zu Dank verpflichtet. Das gilt für die Zeit unseres Studiums (Maureen und ich) und auch für unseren Neustart in Kamerun, besonders bei dem Aufbau des Rainbow-School-Projektes. Es ist unmöglich, an dieser Stelle allen namentlich zu danken; denn würde ich dies tun, würde dies ein eigenes Buch ausmachen – so viele sind es!

Zu diesem Zeitpunkt denke ich besonders an die Pfarrer Bernhard Nake, Meinolf Wacker und ihre Pfarrgemeinden. Diese beiden Priester waren nicht nur meine spirituellen Begleiter, sie haben mich besonders stark ermutigt, dieses Buch zu schreiben. Durch die Anstrengung von Bernhard Nake kam ich in Kontakt mit Alexandra Neimeier, die die erste deutsche Studentin ist, die bei uns in Kamerun als Praktikantin in der Rainbow School gearbeitet hat. Was sie geleistet hat, ist erstaunlich.

Ewig in Erinnerung wird mir die wunderbare Unterstützung von Richard und Ulla Slotta für meinen Erfolg in Deutschland bleiben. So war Richard Slotta der Sprecher einer siebenköpfigen Delegation aus Deutschland, die nach Fontem-Kamerun kam, um mir bei meinen traditionellen Hochzeitsfeierlichkeiten im Dezember 1995 zur Seite zu stehen. Herzlichen Dank auch an Karina und Jürgen Philippson, Christel Venewald, Mechthild Brüning, Helmut und Gerhard Lohrer, die im Dezember 2001 bei den Feierlichkeiten meiner Rückkehr in Kamerun an meiner Seite standen.

Nicht zu unterschätzen sind die Anstrengungen der Mitarbeiter des Kindergartens im Augustinus Haus in Bonn. Meine beiden Töchter, Acha-Gisela und Eme-Claudia fühlten sich dort wirklich zu Hause.

Ohne die finanzielle Unterstützung der Sternsingeraktion aus Aachen und dem CV-Afrika, unter seinem Präsidenten Hans Grevelding, wäre es unmöglich gewesen, dass das Rainbow School Projekt zu dem geworden wäre, was es heute ist.

Ein großer Dank geht an Klaus Nelißen und auch an Juliane Bittner, für ihre wunderbare Arbeit an diesem Buch. Dr. Wilfried Hagemann, ohne dessen finanziellen und ideellen Einsatz dieses Buchprojekt nicht zustande gekommen wäre, bin ich ebenso von Herzen zu Dank verpflichtet.

Ich danke der Stadt Bonn und der deutschen Regierung, dass sie es mir und meiner Frau ermöglicht hatten, in diesem Land zu studieren.

Am Ende will ich meiner Frau danken, der dieses Buch gewidmet ist. Sie steht mir zur Seite, in guten wie in schlechten Zeiten.

Möge Gottes Segen mit uns sein!

Chief Forbellah Charles Morfaw

Inhalt

I. Das Abenteuer beginnt

Mein Abenteuer begann, als ich im Oktober 1987 nach Bonn kam: Ich wollte in Deutschland studieren. Zu diesem Zeitpunkt sprach ich kein Wort Deutsch, hatte weder einen Studienplatz noch ein Studentenvisum. Zudem wurde das Wetter in Deutschland immer kälter, die Bäume verloren ihre Blätter, der Winter brach an. Als ich Kamerun verließ, hatte das Thermometer 30 Grad Celsius gemessen, und nun steckte ich in Bonn, wo die Temperatur gerade mal 10 Grad betrug und bald schon gegen Null tendierte; ein Klima, das ich noch nie erlebt hatte. Ich wusste, dass es nicht leicht werden würde.

Nun ist die Frage die, warum ich mir ausgerechnet Deutschland ausgesucht hatte. Für mich wäre es doch einfacher gewesen, in England, den USA, Kanada oder vielleicht in Frankreich zu studieren. In Kamerun war ich immerhin zweisprachig, in Englisch und Französisch, aufgewachsen. Die nächste Frage wäre wohl, warum ich so unvorbereitet nach Deutschland gekommen bin.

Ich beendete die Highschool im Juni 1986. Danach studierte ich bis 1987 Jura an der Universität von Yaounde, der Hauptstadt Kameruns. Zu diesem Zeitpunkt hatte mein Cousin Lebong Morfaw gerade seine Dissertation in Moskau beendet. Nicht nur aus persönlichen Gründen, sondern auch gemäß unserer Werte in Kamerun nenne ich diesen Cousin meinen Bruder. Ein Bruder muss nicht unbedingt von demselben Vater und derselben Mutter kommen. Lebong ist zugleich einer meiner besten Freunde. Er hatte ein Stipendium für mich organisiert, damit ich ebenfalls in der Sowjetunion studieren könne.

In Moskau angekommen, musste ich jedoch feststellen, dass mein Studienplatz an jemand anderen vergeben war, weil ich auf Grund technischer Probleme verspätet angekommen war. Ich wusste nicht mehr ein noch aus. Wegen meines Abflugs nach Moskau hatte ich mich nicht mehr um die Einschreibung für das akademische Jahr 1987-88 an der Universität von Yaounde gekümmert. Ich dachte ja, ich hätte Kamerun für immer verlassen. Gestrandet also in Moskau kam mir der Gedanke, nach Kamerun zurückzukehren, aber es war bereits zu spät, da ich mich ja in Yaounde nicht immatrikuliert hatte. Als heranwachsender Jugendlicher hatte ich aber für mein Leben gelernt: Die Kunst des Lebens besteht darin, jeden Augenblick, den günstigen wie den ungünstigen, zum bestmöglichen zu machen.

In dieser Moskauer Situation mussten mein Bruder und ich entscheiden, was zu tun sei. Als Kameruner war ich bilingual aufgewachsen, und ich wollte noch eine dritte internationale Sprache erlernen. Die Bundesrepublik Deutschland erschien mir die beste Option zu sein. Zu dieser Zeit war es Kamerunern erlaubt, für drei Monate ohne Visum einzureisen. Ich nutzte diese Chance und machte mich auf nach Deutschland. Mein Bruder begleitete mich auf meinem Weg durch Polen und die DDR, hin zu meinem neuen Aufenthalt in Bonn. Knapp zwölf Stunden verbrachte mein Bruder mit mir in Bonn, dann nahm er den Nachtzug, da er einen wichtigen Termin in Moskau hatte.

Mein Ankunftstag in Bonn war ein Dienstag im Oktober 1987. Die Sonne schien, aber mir war kalt - war ich doch vom Äquator gekommen. Während der wenigen Stunden, die mein Bruder mit mir verbrachte, suchten wir eine möglichst günstige Unterkunft. Das billigste Hotel war jedoch zu teuer für mich. Mein Bruder entschied, einige afrikanische Studenten anzusprechen, die er am Hauptbahnhof antraf. Einer dieser Studenten, Abdoul Coulibaly aus Mali, sagte zu, mich aufzunehmen, bis ich mein erstes eigenes Zimmer hatte. In meiner Heimat in Fontem-Kamerun gibt es das Sprichwort: „Wenn Gott eine Tür schließt, öffnet er ein Fenster.“

Gemeinsam mit meinem Bruder brachte ich meine Sachen zu Abdouls Einzimmerapartment von 15 Quadratmetern.

Mein Bruder nahm Abdouls Telefonnummer und Adresse und versprach mir, in zwei Wochen wiederzukommen. Er hinterließ auch Geld für mich bei Abdoul. Bevor er von mir ging, gab er mir drei wichtige Prinzipien für ein erfolgreiches Leben mit auf den Weg: „Harte Arbeit, Beten und Geduld“. Das letzte Wort, das er mir noch aus dem abfahrenden Zug zurief war „Mut!“ Das war genau das, was ich brauchte. Lebong ist ein sehr gläubiger Christ. Dies war und ist noch immer unser Geheimnis und auch die Kraft, die uns am Leben hält. Ich erinnere mich immer wieder daran, wie er stets mahnte, dass wir uns gegenseitig in der Liebe halten und dafür beten sollten. Zuerst dachte ich, er würde übertreiben, doch da ich überzeugt war, dass er mir nur zu Dingen raten würde, die mir helfen könnten, gehorchte ich und begann intensiv zu beten. Zurück in Moskau, telefonierte er mit mir an jedem zweiten Tag um zu sehen, wie es mir ging.

Das Wintersemester begann. Meine Chancen bei der Zimmersuche tendierten gegen Null, ganz abgesehen von der Tatsache, dass ich Ausländer war. Ebenso schlecht sah es um einen Platz in einer Sprachenklasse aus.

Dennoch, Abdoul gab sich alle Mühe und fand für mich ein Zimmer und später einen Platz in einem der Sprachprogramme der Stadt Bonn. Ebenso zeigte er mir alles, was das Leben etwas einfacher macht, so die Universitätsbücherei und die Mensa, in der ich günstig essen konnte.

Erste Erfolgszeichen machten sich zaghaft bemerkbar. Mein Bruder hatte in Moskau ordentlich für mich eingekauft, bevor er mich an dem Tag, an dem ich mein erstes eigenes Zimmer bezog, in Bonn besuchte. Sogar Zucker und Tee hatte er mitgebracht. Dennoch hatte er etwas Wichtiges nicht mitgebracht, und ich hatte das nicht einmal bemerkt, weil ich zu dieser Zeit noch nicht wusste, dass es dieses „Utensil" gibt, doch zu diesem wärmenden „Utensil" später mehr. Wie immer hatte mein Bruder nur wenig Zeit, und so beeilte er sich, alles Wichtige mit mir zu klären, um am nächsten Tag abfahren zu können. Er gab mir jede Menge gute Ratschläge und versuchte mit mir, die Unterschiede zwischen der kamerunischen und der deutschen Gesellschaft auszuloten. Schließlich gab er mir noch die Telefonnummer von seinen Freunden, von Christel und Ferdinand Hamann, ein Ehepaar, das in Wermelskirchen lebt. Er schärfte mir ein, sie nur aufzusuchen, wenn ich in Schwierigkeiten sei. Ebenso gab er ihnen meine Telefonnummer.

Es war schon November, und ich hatte viel zu tun für die Sprachschule. Wochen verflogen, als wenn es Tage wären, und Tage vergingen wie Stunden. Dann standen die Weihnachtsferien vor der Tür. Die wenigen Freunde, die ich bis dahin gefunden hatte, fuhren heim zu ihren Familien, zum Fest der Familie - ganz anders als in Kamerun, wo man sich nach der Christmette mit Freunden in den Bars oder in ihren Häusern ganz unkonventionell trifft. Nie werde ich mein erstes Weihnachten in Bonn vergessen. Ich komme aus einer polygamen Familie mit mehr als 30 Geschwistern. Nun saß ich alleine in meinem Zimmer. Draußen war das Wetter in diesen Tagen genauso unfreundlich zu mir wie zu allen Deutschen, es war tiefster Winter. Ich weiß noch genau, an diesem Tag zeigte das Thermometer minus 5° Celsius. Alles war bedeckt mit Schnee. Für mich war dieser erste Winter in Europa „die Hölle“. Doch da ich auch in meinem ersten Winter nicht aufgab, war ich danach umso mehr gewillt, auch weitere Hürden auf meinem Weg zu meistern.

Eine der Hürden, die vor mir lag, war das Problem mit meiner Aufenthaltserlaubnis. Ich kam nach Deutschland als Tourist, doch mit diesem Status durfte ich nicht studieren. Also musste ich meinen Status vom Touristen auf den eines Studenten ändern, was sich als harte Nuss herausstellen sollte. Ich betete hoffnungsvoll zu Gott nach meiner “Ein-Mann-Weihnachtsparty”. Ich vertraute und vertraue dem Bibelwort: „Suche, und du wirst finden, klopfe an, und es wird dir aufgetan.“

Für mich war das der Zeitpunkt anzuklopfen. Ich wusste, dass Gott vielleicht nicht direkt antworten würde, aber bald, denn er hat einen Plan der Liebe für mich. Am 30. Dezember rief mich völlig unerwartet die Hamann-Familie aus Wermelskirchen an und lud mich zu ihrer Silvesterparty ein. Gern nahm ich ihre Einladung an, obwohl wir uns zu diesem Zeitpunkt noch gar nicht kannten. Ferdinand Hamann notierte sich meine Adresse und wir vereinbarten, dass er mich am nächsten Tag abholen würde. Es war später Nachmittag als wir ankamen. Ich nahm ohne zu zögern an der Kaffeetafel Platz. Das Ehepaar Hamann hatte nicht nur mich, sondern auch seine Kinder, Enkel und Nachbarn eingeladen. Zu dieser Zeit konnte ich nur ein paar Brocken Deutsch. Ferdinand Hamann sprang als Übersetzer ein, wenn ich ins Englische wechselte, weil ich es im Deutschen nicht ausdrücken konnte.

Wir teilten viele Erfahrungen an diesem Silvesterabend. Beispielsweise erzählte ich ihnen von einem Missverständnis mit einer Dame im Supermarkt: Ich brauchte Briefumschläge, konnte sie aber nicht finden. Ich sprach eine Frau an, die ein paar Meter von mir entfernt stand, wo ich welche finden könne. Im Deutschkurs hatte ich gelernt, dass alle

Namen einen Artikel haben. Aus Höflichkeit wollte ich diese Frau begrüßen, bevor ich meine Frage stellte. Im Englischen würde man sagen: „Good morning, Madam“. Ich schaute also in mein Wörterbuch und fand den Begriff „Frau“, der auch „Ehefrau” bedeutet. „Guten Morgen, meine Frau“ — so begrüßte ich die Dame mit einem Lächeln. Zu meinem Erschrecken wies sie mich erbost zurecht: „Ich bin nicht Ihre Frau!“ Sie war sehr aufgebracht und ich total verwirrt. Erst später, als ich diesen Vorfall einem Freund erzählte, verstand ich, was da schief gegangen war.

Eine zweite Erfahrung war schockierender für mich: Ich kam nach Deutschland ohne jegliche Kenntnis, wie man Fahrrad fährt. An einem Mittwochmorgen verließ ich eilig meine Wohnung, um mit dem Fahrrad zur Schule zu fahren. Es war Winter, und der Schneefall war sehr stark. Hinter dem Hauptbahnhof hatte jemand seinen Mercedes geparkt und war gerade dabei, seine Frau zu verabschieden, die wahrscheinlich zum Zug wollte. Ich wusste nicht, dass die Gleise einer Straßenbahn gefährlich für Radfahrer sein können. Nun war es durch das Wetter noch besonders rutschig, und so geriet ich mit dem Vorderrad in die Straßenbahngleise. Ich flog durch die Luft und landete hart auf dem Boden. Mein Fahrrad rollte über die Straße und stoppte erst an der Stoßstange des Mercedes. Die Frau des Mercedesbesitzers, die gerade in den Bahnhof lief und noch aus der Ferne diesen Unfall sah, rief ihrem Mann zu: „Ist unserem Mercedes etwas passiert?“ Als der verneinte, sagte sie: „Gott sei Dank“ und verschwand im Bahnhof. Diese Reaktion erschütterte mich total. Die Frage, die mir nicht aus dem Kopf ging, war die, ob sich die Frau wegen meiner Hautfarbe oder wegen ihres Charakters so verhielt. Ich verstand nicht, warum sie ihr Auto für wertvoller hielt als mein Leben.

Zwei Tage nach dem Fahrradunfall verließ ich meine Herberge, dieses Mal zu Fuß, um einkaufen zu gehen. An der Ampel traf ich auf einen Mann, und mit meiner kamerunischen Mentalität sagte ich im freundlichen Ton: „Guten

Tag!". Seine raue Antwort: „Nein, ich habe keine Zeit!" Das Wetter war schön, aber diese Antwort verdüsterte meine Laune, denn ich sah nicht den Zusammenhang zwischen seiner Antwort und meinem Wunsch für einen guten Tag. Am nächsten Tag fasste ich Mut, meine traurige Erfahrung mit der Klasse zu teilen. Es war mein Lehrer im Deutschkurs, John Campbell, der mir eine mögliche Erklärung für das Verhalten dieses Mannes gab. Er sagte, dass der Mann wahrscheinlich dachte, ich bräuchte seine Hilfe, und da er unwillig war, mir seine Aufmerksamkeit zu schenken, habe er meinen Gruß einfach abgelehnt. John hat mir in vielerlei Hinsicht geholfen, die deutsche Mentalität zu verstehen.

Während der Silvesterfeier bei Hamanns tauschten wir einander noch viele andere Erfahrungen aus. Als um Mitternacht das neue Jahr 1988 mit einigen Flaschen Sekt begrüßt wurde, tranken wir auch auf meinen Geburtstag, der am 1. Januar ist. Die Atmosphäre war wunderbar. Am frühen Abend des ersten Januar füllte Christel Hamann meine Tasche mit all den Dingen, die ein Student so mitbringt, wenn er wieder zum Studium aufbricht. Ich erinnere mich noch daran, dass sie einen Teil des Kuchens einpackte, der vom Fest übrig blieb, das war sehr nett. Seit dieser Zeit sind wir gute Freunde, ja, ich fühlte mich bei Hamanns zu Hause. Dieser Besuch gab mir nicht nur die Möglichkeit, mein Deutsch zu verbessern. Ich konnte Energie tanken, die ich in Bonn gut gebrauchen konnte. Ein paar Tage später fingen die Kurse wieder an. Wenigstens konnte ich in der Klasse von einer guten Erfahrung berichten, nämlich den Besuch der Silvesterparty bei Hamanns. Einige meiner Kurskollegen waren sehr verwundert, wie ich so schnell so gute Kontakte zu einer deutschen Familie aufnehmen konnte.

Immer noch war das Wetter sehr unfreundlich und bereitete mir gehörige Schwierigkeiten, so dass ich ernsthaft mit dem Gedanken spielte, mich dem Studentenpfarrer anzuvertrauen und zu sagen, dass ich wieder in meine Heimat wollte. Als ich einmal meine Nase putzte, floss Blut. Also beschloss ich, noch vor dem beabsichtigten Gespräch mit dem Priester, einem kamerunischen Freund zu sagen, dass ich der Kälte wohl nicht standhalten könne. Der Freund versuchte mich zu beruhigen, indem er in Aussicht stellte, dass die Kälte nur noch zwei Monate anhalten würde. Das war im Januar. Ich sagte ihm, dass das keine Lösung sei: Was wäre, wenn ich sterben würde, bevor diese zwei Monate vorbei seien? Er schaute mich überrascht an und nach einer Weile bat er mich, meine Hosen herunterzuziehen. Dann brach er in ein Gelächter aus und sagte, nun wisse er, warum die Kälte so hart für mich sei: „Warum trägst Du keine langen Unterhosen, wenn Dir die Kälte so zusetzt?“ Ich erwiderte ihm, ich wüsste nicht, was lange Unterhosen seien. Er hob seine Hosenbeine und zeigte mir seine lange Unterhose. Sofort nach dem Ende des Unterrichts fuhr ich zu einem Kleidermarkt und kaufte vier Paar lange Unterhosen für mich. Ich kann mich noch erinnern, dass mein Bruder mich damals in Moskau fragte, ob er noch etwas zu kaufen vergessen hätte, was ich noch dringend brauchen könnte. Ich konnte ihn ja nicht an die langen Unterhosen erinnern, da ich von ihnen noch nichts wusste. Seit dem Tag, an dem ich die langen Unterhosen kaufte, zeigte sich das Wetter etwas freundlicher mir gegenüber und ein Problem war damit gelöst. Weit schwieriger sollte es werden, mein Touristenvisum in ein Studentenvisum zu ändern.

II. Kampf ums Studentenvisum

Mein nächstes Ziel war es, alles zu tun, meinen Sprachkurs von April 1988 an in der Uni Bonn zu machen, da es dort sehr viel kostengünstiger war. Ich hatte ja kein Stipendium. Als ein Optimist, auch in schwierigen Lagen, füllte ich rasch meine Antragsformulare aus und brachte sie zum Studentensekretariat der Universität Bonn, womit ein wahres „Drama“ seinen Lauf nahm. Ich traf auf eine nette Dame, die verantwortlich war für die Verwaltung der afrikanischen Anträge. Sie schaute über die Akte, die ich ihr gab, und sagte, dass ich qualifiziert sei, an der Universität Bonn zu studieren. Dann fragte sie nach meinem Pass. Nach der Durchsicht bemerkte sie, dass ich nur ein Touristenvisum hätte und somit nicht in Deutschland studieren könne. Nach langer Diskussion sagte sie mir letztendlich, dass ich zugelassen werden könne, wenn – und nur wenn – das Touristenvisum in ein Studentenvisum übertragen würde. Als ich das Sekretariat verließ, war meine Stimmung auf dem Tiefpunkt. Die Temperatur draußen war unter dem Gefrierpunkt. Gott sei Dank hatte ich die langen Unterhosen entdeckt.

Als mir gesagt wurde, dass ich ein Studentenvisum erwerben müsste, als Voraussetzung für die Zulassung zur Universität, wusste ich nicht, welchen Schritt ich als nächsten tun sollte. In meiner Not ging ich zur Evangelischen Studentengemeinde (ESG), um mir Rat vom Studentenpfarrer Pastor Helmut Hoffmann zu erbitten. Nach einem langen Gespräch rief der Studentenpfarrer den deutschen Konsul in Brüssel an und sagte ihm, dass ich in einigen Tagen zu ihm kommen würde, um mein Visum zu ändern. Normalerweise hätte ich mein Visum in Kamerun beantragen müssen, denn es war eigentlich unmöglich, das Visum erst in Deutschland zu ändern. So bot sich mir die einzige Möglichkeit, in die nächstgelegene deutsche Botschaft im Ausland, in die belgische Hauptstadt Brüssel zu fahren. Dort waren die deutschen Behörden schließlich bereit, mir das Studentenvisum auszustellen.

Da das Schengener Abkommen im Februar 1988 noch nicht existierte, brauchte ich noch ein Visum und musste dafür ins Belgische Konsulat nach Köln. Als ich zum Konsulat kam, wurde mir gesagt, dass ich am folgenden Tag noch einmal kommen solle, weil ich zu spät war. Ich fuhr also zurück nach Bonn, und am nächsten Tag stand ich extra früh auf und fuhr nach Köln. Ich war der erste und musste draußen warten, denn das Konsulat war noch geschlossen. Als ich dann endlich zum Gespräch gerufen wurde, sagte man mir, dass man mir kein Visum geben könne, da ich nicht garantieren könne, wieder nach Deutschland zurückzukehren. Der Beamte versprach mir, ein Visum zu geben, wenn ich ein Zulassungsschreiben meiner Universität mitbringen würde. Wieder fuhr ich nach Bonn, ging zur Universität und traf diesmal auf eine andere Dame im Sekretariat. Sie sagte mir, dass ich mein Zulassungsschreiben unverzüglich bekommen würde, wenn ich mein Studentenvisum vorlegen könne.

Ich ging zur ESG, wollte Pastor Helmut Hoffmann alles erzählen. Doch der war zu dieser Zeit sehr beschäftigt und bat mich, in einer Woche wiederzukommen. Das war's, dachte ich, denn ich befand mich mitten in einem Teufelskreis. Unglücklicherweise holte ich mir noch eine böse Erkältung, die mich über eine Woche zu Hause festhielt. Glücklicherweise hatte ich zu diesem Zeitpunkt bereits eine Krankenversicherung abgeschlossen. Das war nicht immer so.

In meinen ersten Monaten in Deutschland litt ich an der so genannten Flussblindheit, an Fadenwürmern, die sich in meinem Schenkel eingenistet hatten und mächtig juckten. Zu diesem Zeitpunkt hatte ich noch keine Krankenversicherung. Ich fasste Mut und erzählte Dagmar Elliott, eine meiner wenigen Freunde, von meinen Beschwerden. Sie studierte Medizin im letzten Semester und erzählte ihrem Professor, dass sie einen Kameruner kenne, der an Flussblindheit leide und keine Krankenversicherung habe. Dieser Professor lehrte am Institut für Parasitologie an der Universität Bonn. Zu dieser Zeit brauchte man Menschen, die an Flussblindheit litten, als Probanden zu Demonstrationszwecken. In Bonn war es sehr schwierig, Probanden für diese Krankheit zu bekommen, da sie nur in den Tropen vorkommt. Also machte mir Professor Seitz einen Vorschlag: Ich litt unter Flussblindheit und hatte kein Geld für eine Behandlung; die Universität hatte Behandlungsmittel, aber keinen Probanden. Die Universität würde mich kostenlos behandeln, wenn ich ihnen zustimmte, dass meine Blutproben im Universitätslabor zu Lehrzwecken verwendet werden könnten. Natürlich willigte ich ohne zu zögern ein. Wenige Tage später wurde ich in der Universitätsklinik am rechten Oberschenkel operiert.

Die Dringlichkeit, ein Studentenvisum und damit die Zulassung zur Universität zu erlangen, war nicht nur geboten auf Grund der Tatsache, dass ich den kostenlosen Sprachkurs hätte besuchen können. Ich würde auch Anrecht auf einen Platz in einem Wohnheim haben. Das Haus, in dem ich bis dahin wohnte, war vergleichsweise teuer, deshalb bewarb ich mich im Katholischen Studentenwohnheim. Pfarrer Alois Osterwalder, der Studentenpfarrer, sagte mir jedoch, dass meine Bewerbung nur berücksichtigt werden könne, wenn ich offiziell als Student an der Universität angenommen wäre. Mein größter Traum war es somit, immatrikuliert zu werden. Meine finanzielle Situation war damals nicht schlecht, aber wie lange würde dies anhalten? Ich musste vorsichtig sein und dafür sorgen, dass ich nicht in Zukunft finanzielle Probleme bekommen würde. Ich brauchte rund 600 DM im Monat, also ca. 300 Euro, was in Kamerun rund 200.000 kamerunischen Francs (CFA) entspricht. Wenn ich bedenke, dass in Kamerun nur Spitzenbeamte und Manager diesen Betrag im Monat verdienen, dann ist offenkundig, was ich im Vergleich zu Kamerun an Geld verbrauchte. Zu dieser Zeit lebte mein Vater noch; ich war noch kein Chief, also Dorfoberhaupt. Ich war nur ein einfacher Student, glücklich und voller Hoffnung. Ich wusste, dass mit Gott nichts unmöglich ist, wirklich nichts! Ich musste nur unbedingt an ihn glauben. Im Glauben kann es keine Halbherzigkeiten geben, sogar dann nicht, wenn es den Tod bedeuten könnte. Aus Liebe sandte Gott seinen einzigen Sohn, der ohne Sünde war, um für uns am Kreuz zu sterben. Auf diese Art und Weise versuche ich immer wieder, das Evangelium in meinem eigenen kleinen Leben zu „buchstabieren".

Eine Woche später ging ich zur ESG, um den Pfarrer, wie verabredet, zu sprechen. Er durchschlug den Knoten, der da zwischen dem Belgischen Konsulat in Köln und dem Studentensekretariat in Bonn bestand, indem er die verantwortliche Sachbearbeiterin schließlich überzeugte, mir eine vorläufige Zulassung auszustellen. Mit dieser vorläufigen Immatrikulationsbescheinigung hatte ich „grünes Licht“, um nach Belgien zu reisen, wo ich dann endlich mein Studentenvisum erlangte. Doch damit hatte ich noch keinen Platz im Studentenwohnheim. Ich musste mich erst im Katholischen Studentenwohnheim bewerben. Und Gott zeigte mir wieder einmal, dass er mich liebt: Es gab 107 Bewerbungen für fünf Zimmer. Das Auswahlgremium wählte gerade mich aus für eines der fünf Zimmer. Nun war ich immatrikuliert, hatte das richtige Visum und sogar ein Wohnheimzimmer. Zu dieser Zeit war ich einer der glücklichsten und gesegnetsten Menschen der Welt!

Die davor liegende schwere Zeit überwand ich trotz einiger Versuchungen, zum Beispiel einer wie dieser: Es gibt ein Sprichwort, das sagt „Sag mir, wer deine Freunde sind, und ich werde dir sagen, wer du bist.“ Einige meiner Freunde rieten mir, als sich der Erwerb des Visums als so schwierig herausstellte, etwas zu „schummeln“. Als ich fragte, was sie mit “Schummeln” meinten, sagten sie mir, ich solle doch eine deutsche Frau heiraten. Damit hätte ich noch viel mehr Vorteile als mit dem Studentenvisum. Ich schätzte ihren Rat, aber meine Ansichten über die Ehe waren etwas anders. Ein Ehevertrag, nur aus dem Grund, ein Visum zu erhalten, das ging nicht zusammen mit meiner Weltanschauung. Eine Ehe braucht zuallererst ihre Wurzeln in der Liebe; der Kopf muss klar sein und nicht in Bedrängnis. Wenn die Ehe nur als Vertrag auf dem Papier bestünde, führe das dazu, sich selbst etwas vorzutäuschen und bis zum Lebensende ein Gefangener zu sein. Das war absolut nicht das, was ich wollte! Der Grund, warum ich einen anderen Standpunkt als meine Freunde hatte, lag darin, dass ich bei einer solchen „Ehe“ nicht nur meinen Verstand verkauft hätte, sondern auch meine Freiheit.

In dieser Zeit erinnerte ich mich an die bereits erwähnte „goldene“ Lebensregel, die mir mein Bruder Lebong “offenbart” hatte: „Harte Arbeit, Beten und Geduld“.

Eine neue Idee fiel mir ein. Ich schrieb Pater Adolf Raggio, der fünf Jahre mein Direktor auf dem Gymnasium “Our Lady Seat of Wisdom” in Fontem, Kamerun, war. Er wurde danach nach Italien versetzt. Ebenso schrieb ich an Jacquy Huys, meinen ehemaligen Lehrer und stellvertretenden Schulleiter des Gymnasiums. Er war von Fontem nach Brüssel gewechselt. Seit wir beide Fontem verließen, sind wir bis heute enge Freunde geblieben und stehen immer noch in Kontakt. Ich schrieb ihnen von meinen Problemen, besonders von der Einsamkeit. Beide Lehrer sind Mitglieder der Fokolar-Bewegung, eine der neuen geistlichen Gemeinschaften. Diese Gemeinschaft und ihre Spiritualität haben mein Leben nachhaltig geprägt.

III. Die Fokolar-Bewegung

Gründerin und Präsidentin der Fokolar-Bewegung ist die Italienerin Chiara Lubich. Der Zweite Weltkrieg wütete und zerstörte alles. An einem Tag im Mai 1943 kam es zu massiven Bombardements auf Chiaras Heimatstadt Trient.

Mit einigen Begleiterinnen suchte sie Schutz im Keller, ausgestattet mit nur einer Kerze und einer Bibel. Chiara schlug das Neue Testament auf und las Jesu Bitte an den Vater: „Alle sollen eins sein. Wie Du, Vater, in mir bist und ich in Dir bin, sollen auch sie in uns sein...“ (Joh 17,21) Diese Bitte um die tiefste Einheit unter seinen Anhängern wurde zum Ideal für ihr Leben. Wie ein großes Feuer, das an dieser Kerze entzündet wurde, verbreitete sich ihr Ideal der Einheit über Europa, dann über alle Kontinente. Heute wird es von jungen Menschen und von Familien, von Arbeitern und Akademikern, Priestern und Ordensleuten in über 186 Ländern der Erde gelebt. In Kamerun ist die Fokolar-Bewegung seit 1966 tätig.

Doch die Frage taucht auf, warum die Fokolare ausgerechnet Fontem als Ort ihres Engagements wählten? Was bedeutete das für mein Leben?

Vor der Ankunft der Fokolare 1966, meinem Geburtsjahr, gab es in Fontem und im gesamten Umkreis weder ein Krankenhaus, noch eine weiterführende Schule. Die nächstgelegene Schule lag in Mamfe, 90 Kilometer von Fontem entfernt. In Dschang befand sich das nächste Krankenhaus, in 45 Kilometern Entfernung. Meine Mutter hat mir einmal erzählt, dass sie einmal, als sie schwanger war, die ganze Distanz von 45 Kilometern zu Fuß bewältigen musste, um sich einer ärztlichen Untersuchung unterziehen zu können. Doch dann starb das Kind auf dem Weg in ihrem Bauch und sie wäre beinahe verblutet.

Doch nicht nur die Kindersterblichkeit war in diesen Tagen hoch – 1964 brach eine Epidemie aus. Mehr als 90% der Kinder in Fontem starben daran. Alle Medizinmänner berieten zusammen, aber sie fanden keine Lösung. Der alte König Defang von Fontem war ein Mann voller Weisheit. Er vollzog eine Reihe der traditionellen Rituale, doch auch diese bewirkten keine Verbesserung. Dann rief er alle Chiefs und Ehrenmänner auf, Geld zu sammeln. Von diesem Geld schickten sie einen Brief an den Bischof von Buea, Bischof Peeters. Sie berichteten ihm, dass seine Leute sterben würden und baten den Bischof, etwas zu tun um die Leben dieser Menschen zu retten. Als die Botschaft den Bischof erreichte, fragte er sich, wie er diesen Menschen helfen könne, da er doch kein Doktor sei.

Doch, als ob Gott nun eingegriffen hätte, kam die Rettung: Bischof Peeters reiste zu einer Konferenz nach Rom und zufällig traf er Chiara Lubich und erzählte ihr von der schrecklichen Situation in Fontem. Nach diesem Treffen reagierte Chiara sofort. Sie schickte die ersten Mitglieder der Fokolar-Bewegung noch Fontem, um den Menschen zu helfen. Ich war eines von den Kindern, die gerettet wurden.

Nach meiner Meinung war das Jahr 1966 der Beginn einer neuen Ära in der Geschichte des Bangwa-Volkes.

IV. Hoffnung keimt auf

Mein neues Zimmer in der Katholische Hochschulgemeinde (KHG) Bonn war nicht nur billiger als das alte. Die KHG lag im Zentrum von Bonn, von meinem Zimmer waren es nur fünf Minuten zur Universität und zu den Einkaufsstraßen. Doch der größte Vorteil, den meine neue Umgebung mir bot war, dass ich nun unter Studenten lebte, die mir halfen, mein Deutsch zu verbessern. Allerdings löste auch dieser studentische Kontakt nicht mein Problem der Einsamkeit, Ich hatte relativ viel Zeit für mich, in der ich mich recht verlassen fühlte. Von dieser Einsamkeit hatte ich bereits Jacquy Huys und Pater Raggio geschrieben. Beide antworteten postwendend. Sie gaben mir moralische Unterstützung und sicherten mir ihren Beistand im Gebet zu.

Beide schrieben dem Verantwortlichen der Fokolar-Bewegung in Köln, der von dort aus für Bonn zuständig ist. Sie gaben ihm meine Adresse und signalisierten ihm, dass ich mich etwas einsam fühle. Pater Raggio schrieb an Clemens Hachmöller und Jacquy an Alberto Di Stefano. Das Wunderbare daran war: Obwohl Pater Raggio und Jacques Huys in unterschiedlichen Ländern lebten, taten beide das gleiche Werk der Liebe zur gleichen Zeit. So erhielt also der Kölner Fokolar Clemens Hachmöller meine Adresse. Er war gerade dabei, ein Sommertreffen der Fokolar-Bewegung, eine so genannte Mariapoli, zu planen. Und ich bekam eines Tages den überraschenden Anruf aus Köln mit der Frage, ob ich nicht an der Mariapoli teilnehmen wolle. Er sagte mir, er habe meine Adresse von Pater Raggio erhalten. Obwohl ich Clemens nicht kannte, wusste ich, dass wir Teil einer großen Familie waren, weil wir beide im Ideal der Einheit lebten. Er arrangierte alles; einige Mitglieder der Bewegung holten mich mit ihrem Auto ab, und wir fuhren nach Eringerfeld zur Mariapoli. Dort trafen Clemens und ich uns zum ersten Mal, doch ich hatte das Gefühl, ihn schon seit Monaten, ja seit Jahren zu kennen.

Der zweite Tag des Treffens stand unter dem Motto: „Wie Maria - Mutter für andere sein“. In der Pause zwischen den Betrachtungen kam eine Frau, Gisela Kirchhoff, zu mir und fragte mich, woher ich käme. Als sie erfuhr, dass ich neu in Deutschland war und keine Verwandten hier hatte, drehte sie sich zu ihrem Mann um und sagte „Otto, stell’ Dir vor, unsere Tochter müsste in Südafrika studieren, wo wir niemanden kennen!“ Sie umarmte mich mit ihrem weiten Herzen und sagte „Du musst uns unbedingt besuchen. Versprochen?“ Und so ging es weiter. Beim Mittagessen sprach ich ein Ehepaar, Irmgard und Josef May, an, ob ich mich zu ihnen an den Tisch setzen könne. „Komm und setz’ dich“, sagten sie. Sie stellten ähnliche Fragen wie Otto und Gisela.

Am Ende des Gesprächs gaben sie mir ihre Adresse und Telefonnummer und sagten, sie wären froh, wenn ich ein Wochenende finden würde, an dem ich sie besuchen könnte. Zu dieser Zeit war mein Deutsch noch nicht wirklich fließend, und sie sprachen nur gebrochenes Englisch. Die einzige und wichtigste Sache, die uns verband, war Liebe. Unter den neuen Freundschaften, die ich auf der Mariapoli schloss, waren unter anderen Marlene und Hans-Georg Frings und Pfarrer Wilfried Hagemann.

Diese erste Mariapoli, die ich in Deutschland erlebte, öffnete ein neues Kapitel in meinem Leben: das Kapitel von Liebe und Freundschaft. Seit dieser Gemeinschaftserfahrung hatte ich nie mehr das Gefühl von Einsamkeit in meinem Leben. Ich kehrte innerlich gestärkt zurück nach Bonn und war gewillt, das zu verwirklichen, was ich gehört und gelebt hatte. Denn die Worte des Herrn sind so faszinierend, dass man in Gefahr gerät, sich zurückzulehnen und sie nur zu hören. Das Wort Gottes will aber Realität werden, damit wir im Leben glücklich werden, das „Leben in Fülle“ haben. Menschen, die auf das Wort Gottes hören und es zum Leben bringen, vergleiche ich mit den Bauleuten, die ihr Haus nicht auf Sand gebaut haben, sondern auf Stein, damit es jedem Wetter trotzen kann.

V. Trommeln statt Handy

Unter dem Eindruck dieser Mariapoli und dem Versuch, das, was ich dort hörte in die Praxis umzusetzen, erinnerte ich mich an einige Ereignisse meiner Kindheit.

Ich wurde am 1. Januar 1966 in Bellah, einem Dorf in Fontem, Kamerun, geboren. Mein Vater war verheiratet mit zehn Frauen und hatte mehr als 30 Kinder. Mein Großvater hatte mehr als 50 Kinder. Meine Mutter ist Bäuerin, sie gebar zehn Kinder. Leider haben nur fünf überlebt. Unter diesen Kindern waren zwei Zwillingspaare, von denen ich eines bin, jedoch der einzige, der noch lebt. Ich hatte eine reiche Kindheit und ich genoss sie sehr.

Dies war zu der Zeit, als das Leben im Dorf noch gemeinschaftlich geprägt war. Jedes Mitglied der Dorfgemeinschaft lebte ebenso für das andere. Inzwischen hat das Prinzip „Jeder für sich und Gott für alle“ auch in Kamerun Einzug gehalten und gehört zum normalen Lifestyle in den afrikanischen Gesellschaften. Der Anteil von Kamerunern, die meinen, mit Geld könne man alles kaufen, ist erschreckend groß. Das Leben in Bellah war einfach und in sich geschlossen. Bis 1985 gab es noch kein Fernsehen in Kamerun. In meinem Dorf und in den Nachbardörfern besaßen nur wenige Leute ein Radio oder Uhren. Sie brauchten auch nicht wirklich Uhren. Wir hatten und haben noch immer unsere Art, uns auszudrücken, wie früh oder wie spät es am Tag ist: „Wenn der erste Hahn kräht...“, dann ist es sehr früh am Morgen, um halb fünf, oder wenn „die Sonne direkt über dem Kopf steht“, dann ist es Mittag. Wir gehen auch von acht Tagen pro Woche aus, nicht von sieben. Die wenigsten sind vertraut mit dem zwölfmonatigen Kalender. Wir haben unseren eigenen Weg, Dinge zu behalten oder vermerken, die innerhalb des Jahres passieren. Wenn etwas am Beginn der Trockenzeit geschieht, dann könnte es November sein. Vor oder nach Weihnachten wäre dann Dezember; das Herz der Trockenzeit ist Februar; wenn die Ernte der Erdnüsse beginnt, dann ist es Juli; die Mitte der Regenzeit wäre demzufolge August und wenn die Kinder wieder zur Schule gehen, ist es September. Beginnen die Frauen, die Höfe aufzuräumen, bedeutet das wieder November, dann setzt die Trockenzeit ein. Wer in dem Jahr, in dem die Fokolare das Krankenhaus und das College in Fontem eröffnet hatten, geboren wurde, stammt er aus dem Jahr 1966. Trommeln waren und sind noch immer das Mittel der Kommunikation. Erst seit 2004 kann man in Fontem mit dem Handy telefonieren. Festnetztelefonie ist noch immer nicht angekommen. Da die Elektrizität nie in unserer Gegend Einzug gehalten hatte, war der Mondenschein von besonderer Bedeutung.

Der Mond gab uns oft genügend Licht, so dass wir zum Beispiel auch nachts spielen konnten, besonders wenn Feierlichkeiten im Dorf anstanden, wie Hochzeiten oder Totenfeiern. Es gab keine motorisierte Straße zum Dorf. Alles, was wir produzierten, trugen wir auf unseren Köpfen: landwirtschaftliche Produkte wie Kaffee, Kakao, Palmöl – und das über Distanzen von fünf Kilometern, bis wir zum nächsten Markt kamen, wo sich auch die nächste Bushaltestelle befand. Baumaterialien, die wir im Dorf brauchten, wie Zement oder Zink, wurden auch auf unseren Köpfen transportiert.

Obwohl wir ohne Telefon, ohne Fernsehen und ohne Radio aufwuchsen, waren wir sehr aktiv. Als ich noch klein war, machten wir Kinder uns unsere Fußbälle selbst – Kamerun, eine der stärksten Fußballnationen Afrikas. Wir machten unsere eigene Musik und auch alle Spielsachen, die wir brauchten. Wir arbeiteten als Gruppe und wir spielten als Gruppe. Eines der Hauptprobleme, die unser Dorf wie auch andere nun bewältigen müssen, ist die Landflucht. Fast alle jungen Menschen verlassen die Dörfer und ziehen in die Städte auf der Suche nach besseren Lebensverhältnissen.

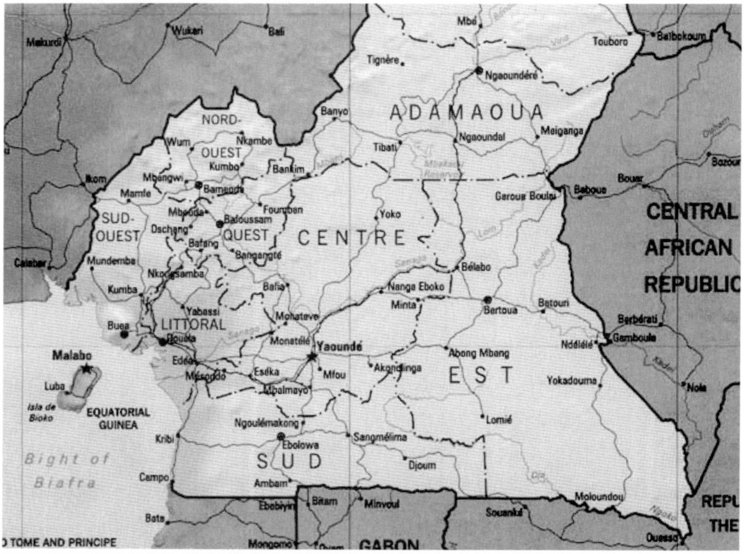

Kurzprofil Kamerun:
Fläche: 475.442 qkm. Einwohner: 17.340.702. Hauptstadt: Yaoundé.
Das ehemalige französische Mandatsgebiet Ost-Kamerun ist seit dem Januar 1960 unabhängig, das britische West-Kamerun folgte im Oktober 1961. Seit 1960 ist Kamerun eine Präsidialrepublik mit einer neuen Verfassung, deren Text letztmals 1996 geändert wurde. Staatsoberhaupt ist seit 1982 Paul Biya. Regierungschef des Landes ist Ephraim Inoni seit 2004.
In Kamerun sind ca. 50 Prozent der Bevölkerung Christen, davon jeweils die Hälfte Katholiken und Protestanten, rund 20 Prozent Muslime, der Rest ist Anhänger von Naturreligionen.

VI. Polygamie und Autorität

Doch auch in der Dorfgemeinschaft, wie ich sie erlebt habe, war nicht alles Gold, was glänzt. Nicht alles verlief harmonisch. Mein Vater war ein hart arbeitender Mann und glücklich mit seinen Frauen wie mit seinen Kindern. Einer der größten Nachteile der Polygamie, den ich als Heranwachsender spürte, war, dass unsere Mütter die zentrale Rolle in unserer Entwicklung und in der Wohlfahrt spielten. Wenn einer von uns krank war – und es war oft der Fall, dass ich das war – dann waren es unsere Mütter, die schlaflose Nächte verbrachten und für uns sorgten. Mein Vater hingegen hatte kaum Zeit für seine zahlreichen Kinder, schon gar nicht für das einzelne Kind und auch nicht für alle seine Frauen. Infolgedessen war da immer ein tiefer Graben zwischen unserem Vater und uns.

Ein anderes natürliches Problem der polygamen Ehe ist, dass kein Ehemann zehn Frauen gleich stark lieben kann. Manche liebte er mehr als andere – eine Quelle von Misstrauen, Missverständnissen und Konflikten. Auch von den vielen Kindern hatten nicht alle die gleichen Chancen auf Förderung. Wenn nicht genug Geld da war, um beide Kinder, den Sohn und die Tochter von verschiedenen Müttern, zu einer weiterführenden Schule zu schicken, hatte der Sohn meist den Vorteil. Im Falle von zwei gleichgeschlechtlichen Kindern, hatte das klügere den Vorteil gegenüber dem weniger begabten Kind, das diesbezüglich benachteiligt wurde.

Viele Jahre bevor ich geboren wurde, verlor mein Vater seine erste Frau. Seine zweite Frau übernahm dann die Position und die Pflichten der ersten Frau. Tatsächlich hatte ich eine besondere Beziehung zu dieser Stiefmutter. Sie war kinderlos, aber fast alle dachten, dass ich ihr leibliches Kind sei, weil ich mich immer in ihrem Haus aufhielt. Ich hatte sogar mein eigenes Bett in ihrem Schlafzimmer. Als ich sieben Jahre alt wurde, geschah jedoch etwas Furchtbares, das ich bis heute nicht verstehe.

An jenem Tag bereitete meine Stiefmutter, die ich „Mutter" nannte, ein feines Essen mit Reis und Sauce für uns zu. Nach einem solch guten Essen am Nachmittag legte ich mich schlafen. Diese Mutter war sehr fürsorglich. Sie wollte an diesem Tag noch ein paar süße Kartoffeln in einer nahe gelegenen Farm ernten, konnte aber das Zimmer nicht schließen, weil ich drinnen schlief. Sie ging also zu der Farm, und als ich aufstand, lief ich zu meinen Freunden zum Spielen, ohne die Türe zu schließen.

Sie verbrachte zirka zwei Stunden auf der Farm. Nachdem sie zurückkam, arbeitete sie in ihrer Küche. Am Abend wollte sie die übrig gebliebene Sauce für das Abendessen aufwärmen, besonders für meinen Vater, der den ganzen Tag fort gewesen war. Als sie den Deckel öffnete, stellte sie zu ihrem Erschrecken fest, dass nur noch wenige Fleischstücke in der Sauce zurückgeblieben waren. Es gab keinen Zweifel, jemand musste sich während ihrer Abwesenheit an den Topf zu schaffen gemacht haben. Logischerweise war ich ihr erster Verdächtiger.

Meine Stiefmutter fragte mich, ob ich das Fleisch gegessen hätte oder ob ich wüsste, wer es gewesen war. Ich sagte ihr ehrlich, dass ich keine Ahnung vom Verschwinden des Fleisches hätte. Sie fragte die anderen Mütter und Kinder, ob jemand gesehen wurde, der das Haus in ihrer Abwesenheit betreten hätte. Alle sagten Nein. Also unterstellte sie mir, ich würde lügen und dass ich das Fleisch selbst gegessen hätte oder zumindest wüsste, wer es sei. Als ich darauf bestand, unschuldig zu sein, wurde sie sehr aufgebracht und bezichtigte mich, dies wäre der Beginn meiner „Räuberlaufbahn". Sie schlug mich, während mein Vater nach Hause kam. Meine Stiefmutter erzählte – im Beisein meiner leiblichen Mutter, die inzwischen dazu gekommen war – meinem Vater von dem Vorfall und dass sie überzeugt wäre, ich sei der Missetäter. Mein Vater pflichtete ihr bei und setzte die Bestrafung fort. Meine leibliche Mutter enthielt sich, sie sagte einfach nichts dazu. Hätte sie es gewagt zu sagen, dass ich die Wahrheit gesagt hätte, wäre sicherlich der Eindruck entstanden, sie wolle nur ihren Sohn, den zukünftigen Dieb, decken. Ich muss hinzufügen, dass meine Stiefmutter autoritär war. Als sie mit ihrer zweiten Runde an Schlägen durch war, beteuerte ich immer noch, dass ich unschuldig sei. Da sagte sie, sie würde mir nun den Teufel austreiben. Sie nahm ihren Mahlstein und begann, Pfeffer zu mahlen, um ihn mir in die Augen zu streuen. Als ich dies sah, befiel mich fürchterliche Angst vor den Schmerzen, die ich zu erwarten hatte und dem Risiko, dabei zu erblinden. Als meine Stiefmutter mit dem Mahlen fertig war, stieg die Angst so sehr in mir auf, dass ich widerwillig gestand, das Fleisch genommen zu haben. Daraufhin hörte sie auf, den Pfeffer zusammenzunehmen, sagte mir aber, dass sie ihn mir in die Augen gestreut hätte, hätte ich nicht gestanden. Sofort verließ ich ihr Haus und rannte zum Haus meiner leiblichen Mutter. Diese kam kurz nach mir zu unserem Haus und forderte mich auf, ihr nun nichts als die Wahrheit zu sagen. Sie versprach mir auch, dass sie es niemandem sagen würde. Ich erklärte ihr, dass es die Angst war, die mich zum Geständnis getrieben hatte. Wenn ich heute auf diese Situation in meiner Kindheit zurückblicke, treibt es mir immer noch Tränen in die Augen. Das Handeln meiner Stiefmutter könnte als Vergehen gewertet werden. Dennoch war es keine Sünde. Ich bin mir sehr sicher, dass sie all dies mit einer guten Absicht tat. Bei uns in der Familie war die Erziehung genauso streng wie in der Schule.

VII. Grundschulzeit – Leben bei meinem Bruder

Von 1971 bis 1973 besuchte ich die St.-Martins-Grundschule Fonge in Fontem, als einer meiner älteren Brüder, Viktor Morfaw, mich zu sich nahm. Er war Zollbeamter von Beruf, verheiratet und hatte gerade seine erste Tochter bekommen, als ich im Oktober 1973 bei ihm in Viktoria (heute Limbe) einzog. Vom ersten Tag an, da ich meine Familie verließ, wurden Viktor und seine Frau eine neue Familie für mich. Sie kamen nicht nur finanziell für mich auf, sondern sie erzogen mich auch im moralischen Sinne. Beide nahmen mich gerne auf, denn so konnten sie die finanziellen Belastungen meines Vaters etwas lindern. Ich war froh, bei meinem Bruder leben zu können, verhieß es mir doch eine bessere Zukunft und garantierte mir einen höheren Lebensstandard. Zu dem Zeitpunkt, da ich bei ihnen zu wohnen begann, besaßen sie dennoch fast nichts. Mein Bruder musste bereits für eine meiner älteren Schwestern das Schulgeld zahlen, als ich zu ihnen kam. Doch ich hatte sehr viel Glück, denn die

Erwartungen, die ich hatte, als ich meine Eltern verließ, wurden absolut erfüllt. Dies ist selten der Fall.

Bei meinem Bruder bestand meine Aufgabe darin, den Haushalt ein wenig zu unterstützen, beispielsweise das Baby zu hüten, den Abwasch zu machen, Wasser zu holen oder das Haus zu reinigen. So ist die kamerunische Kultur der Großfamilie. Mit der Zeit wurden fünf weitere Kinder geboren. Ich bin das erste Kind der Familie, also haben sie sechs Kinder. Mein Bruder und seine Frau sind besondere Menschen. Nicht nur, weil sie mich großgezogen haben, es ist weit mehr. Ohne Vorbehalt haben sie mich geliebt, und ich habe ihnen darin geantwortet. Diese gegenseitige Liebe hat uns zu wahren Freunden in diesem Leben gemacht. Sie sind einige der wenigen richtigen Freunde, die ich habe.

Von meinem Bruder lernte ich zwei Dinge, die mich zu dem machten, der ich heute bin. Er lehrte mich geduldig zu sein. Das heißt, besonnen zu handeln, Schritt für Schritt durchs Leben zu gehen. Schließlich beginnt auch die längste Reise mit einem Schritt. Der Mehrheit der Kameruner fehlt diese Einstellung. Und Viktor lehrte mich, ein Mann zu sein, der es seinen Gefühlen niemals erlaubt, seinen Verstand zu überrumpeln. Wenn Prinzipien gefunden sind, dann sollte man sie auch respektieren.

VIII. Gymnasium und Highschool

1976 wurde mein Bruder Viktor nach Mamfe versetzt, wo ich die Grundschule 1978 abschloss. Im selben Jahr wechselte ich zum Gymnasium “Our Lady Seat of Wisdom” in Fontem, das ich fünf Jahre besuchte. Das College ist ein Internat, das heißt, die Schüler verbringen zwei Drittel des Jahres auf dem Campus und nur ein Drittel zu Hause bei der Familie. Ein wesentliches Merkmal dieser Schule war, dass für die Lehrkräfte nicht nur die Wissensvermittlung zählte, sondern dass die moralische Erziehung einen ebenso hohen Wert hatte. Schließlich kann man alle Examen bestehen, aber im Leben durchfallen. Ich genoss die Zeit im Internat so sehr, weil die Disziplin ähnlich war wie bei mir zu Hause. Schüler wurden oft wegen moralischen Fehlverhaltens entlassen, manchmal auch wegen akademischer Schwächen.

Verschiedene Hobbies machte ich mir zu eigen: Ich spielte Fußball und joggte. Das Fotografieren jedoch wurde zu meiner Leidenschaft. In meiner Zeit am Gymnasium lernte ich zwei Prinzipien, die mich seitdem begleiten: „Behandle andere so, wie Du von anderen behandelt werden willst," und: „Der, der treu im Kleinen ist, muss es auch im Großen sein." Für mich ist dies eine Art Zusammenfassung der Bibel. Während meiner Internatszeit waren der Religionsunterricht sowie der Besuch der Heiligen Messe verbindlich. Dies bedeutete mir damals jedoch nicht so viel wie heute.

Nach fünf Schuljahren, im Juni 1983, war ich einer der wenigen Schüler, die das Schlussexamen, es entspricht etwa dem Realschulabschluss in Deutschland, nicht schafften. Schnell verstand ich, woran ich gescheitert war. Ich hatte mehr Zeit für das Fotografieren investiert als notwendig, damit auch Geld verdient, aber das Lernen darüber vernachlässigt. Für mich und meine Familie war das Scheitern ein großer Schock. Während des akademischen Jahres 1983/84 studierte ich mit viel Einsatz zu Hause, bin also nicht an die Schule zurückgekehrt, sondern habe für mich allein gearbeitet. Das Fazit: Ich hatte acht Klausuren von acht bestanden.

1984 wurde ich an der staatlichen High School in Wum aufgenommen. Hier verfolgte ich mein Hobby, die Fotografie, weiter. Aber diesmal ging ich bewusster vor. In meinem zweiten Jahr erhielt ich zwei verantwortungsvolle Posten. Ich wurde stellvertretender Schulsprecher und zur selben Zeit Vertrauensschüler. Mehr als 1200 Schüler gingen auf die High School und ich hatte viele Freunde. Nach zwei Jahren bestand ich das Abschlussexamen, das dem deutschen Abitur entspricht. Es eröffnete den Weg an eine Universität.

So kam ich zur Universität von Yaounde in Kamerun und anschließend im Jahr 1988 nach Bonn. Das akademische Jahr in Yaounde war jedoch kein verschwendetes Jahr. Im Gegenteil, ich profitierte sehr davon, denn so war ich später in der Lage, das Studentenleben in Kamerun mit dem in Deutschland zu vergleichen.

IX. Studieren in Deutschland

Als ich nach Deutschland kam, war es mein Traum, dort zu studieren und dann nach Kamerun heimzukehren, um meinen Landsleuten zu dienen. Um dies zu erreichen, blieb ich sehr ehrgeizig und eifrig. In der KHG Bonn, in der ich zuerst ein Zimmer hatte, bekam ich schnell viele Freunde, obwohl es in der Regel nicht leicht war für einen ausländischen Studenten, im Milieu der deutschen Studenten anzukommen. Nach zwei Jahren nahm ich an der Wahl um das Amt des Wohnheimsprechers teil. Mein Mitbewerber war ein Deutscher. Als das Ergebnis verkündet wurde, hatte ich mit 80 Prozent der Stimmen die Wahl gewonnen und wurde damit der erste schwarze Sprecher dieses Hauses. Ein Jahr später wurde ich Sprecher aller katholischen Wohnheime Deutschlands. Ich kann mich an ein nigerianisches Lied meiner Kindheit erinnern, „Nothing good comes easy“. Ich hatte verstanden, dass ich durch harte Arbeit, Gebet und mit beständiger Geduld etwas im Leben erreichen konnte. Im Gebet holte ich mir die Kraft, Gott in meinem Wohnheim-Nachbarn zu lieben.

Später wurde ich Generalsekretär der Gesellschaft der kamerunischen Volksdemokratiebewegung, die in Deutschland neu gegründet wurde. Meine Hauptaufgabe bestand darin, durch Deutschland zu reisen und Kameruner über die politische Situation in der Heimat zu informieren und zu sehen, ob sie verstanden hätten, was es mit der Demokratie auf sich hat. Der Nachteil dieser Organisation war, dass ihr Präsident zur Korruption neigte, einer weit verbreiteten „Krankheit“ der kamerunischen Gesellschaft. Auf einer Generalversammlung forderten wir ihn auf, mit dieser Praxis aufzuhören. Er aber weigerte sich. Aus diesem Grund trat ich zurück, und etwas später brach die Gesellschaft zusammen. Mehr als 5o Prozent aller studentischen Vereinigungen lösten sich wegen finanziellen Missmanagements auf.

Zu dieser Zeit hatte ich meine Sprachkurse beendet und konnte mit dem Studium beginnen. Die ersten Jahre waren schwer für mich. Dass ich sie gut bestanden habe, verdanke ich der Prägung in der Zeit, die ich in Fontem im Gymnasium verbracht hatte.

X. Tod meines Vaters

Es war an einem Nachmittag im September 1989, da erhielt ich die Nachricht vom Tod meines Vaters. Eine Freundin der Familie in Kamerun hatte mich angerufen, dachte aber, ich wäre bereits informiert worden. Unglücklicherweise war ich das nicht. Ich brach in Tränen aus und ließ das Telefon fallen. Verstört und verwirrt stand ich allein in meinem Zimmer. Obwohl mein Vater schon ein alter Mann war, als ich Kamerun verließ, hatte ich immer gehofft, ihn noch einmal lebend zu sehen. Die Frage, wer nun sein Nachfolger in der Dynastie werden sollte, berührte mich nicht so sehr, obwohl das eine sehr wichtige Frage war.

Über Wohl und Wehe der dynastischen Folge bestimmt der Chief, das Dorfoberhaupt. Der alte Chief wählt unter seinen Söhnen in der Nweh-Kultur denjenigen seiner Söhne aus, von dem er glaubt, dass er ein Volk um sich scharen könne, das Zeug zu einem Friedensstifter hat.

Die Verhältnisse von Macht und Autorität in unserer Kultur, bevor dieser Teil Kameruns kolonialisiert wurde, waren wie folgt: An der Spitze jedes „Fondom”, eines Königreiches, steht der „Fon", der König, gemeinsam mit den Mitgliedern seines Kabinetts, das aus sechs bis sieben Personen besteht. Der König ernennt sein Kabinett vor seinem Tod, ihre Namen werden normalerweise in seinem Testament veröffentlicht. Jedes Fondom besteht aus mehreren Dörfern, und an der Spitze jedes Dorfes steht ein Chief. Der Chief wie-

derum ist dem König direkt unterstellt. Wie der Fon, so ernennt auch der Chief sein Kabinett zu Lebzeiten. Stirbt ein Fon, müssen Regierungsvertreter gemeinsam mit anderen Fons und Chiefs aus der Umgebung das Begräbnis und die Totenrituale organisieren. Wenn jedoch ein Chief stirbt, müssen nur sein Fon und alle Chiefs des Fondom den Totenritualen beiwohnen.

Fons und Chiefs nahmen vor allem in der Vergangenheit in der traditionellen Gesellschaft die bestimmende Rolle ein. Sie sind das spirituelle Oberhaupt ihres Volkes, stehen dem Ältestenrat vor, der in den traditionellen Gesellschaften für soziale Gerechtigkeit sorgt. Alle gesellschaftlichen Projekte der Gemeinschaft werden von ihnen koordiniert. Sie schließen Ehen und zu ihnen geht man auch, wenn es Probleme in der Ehe oder im Haushalt gibt. Sie sind die obersten Priester, die Psychologen und vieles mehr. Dabei ist der Fon dem Chief im Rang um einen Grad überlegen. Man könnte sagen: Der Fon entspricht dem Bischof und der Chief ist dem Priester in der katholischen Kirche vergleichbar.

Früher vertrauten die Menschen ihren Chiefs und dem Fon mehr als der Zentralregierung. Damals konnte man davon sprechen, dass der Fon und der Chief ein kollektives Interesse vertraten. Das Aufkommen des Mehrparteiensystems in den 1990er Jahren setzte einen stärkeren Akzent auf die Vertretung von Individualinteressen. Die Eintracht zwischen den Fons, den Chiefs und ihrem Volk wurde zunehmend entzweit.

Heutzutage versehen nahezu alle Chiefs ihre Ämter ehrenamtlich. Daher brauchen sie einen Beruf, mit dem sie die Familie ernähren können. Nur wenige Fons erhalten eine monatliche Aufwandsentschädigung vom Staat. Einige Fons und Chiefs werden zur ersten, zweiten oder zur dritten Klasse gezählt, während das bei anderen nicht so ist – und alle leben im selben Bezirk. Es herrscht also offensichtlich viel Unwissenheit auf Seiten der Zentralregierung, wie man die Fons und Chiefs angemessen einordnen soll.

Zurück zur Beerdigung meines Vaters. Chiefs und Könige werden nach hiesiger Tradition heimlich beerdigt. Während also das eigentliche Begräbnis ein Jahr zuvor im Geheimen stattfand, musste nun noch die offizielle Zeremonie förmlich organisiert werden. In meiner Kultur sagt man, dass der Chief sich auf eine Reise begeben hat. Während dieser Zeit der Vakanz leitet ein Administrator die Amtsgeschäfte. Am Tag der offiziellen Beerdigung sagt man dann, dass der Chief wieder von der Reise heimgekehrt sei.

An diesem Tag wird der neue Chief seinem Volk dann endlich präsentiert und er übernimmt alle Funktionen eines Chiefs.

Meine große Familie brauchte Zeit, um die Begräbniszeremonien vorzubereiten und die Thronnachfolgemodalitäten zu klären, besonders, weil heimkehrende Familienmitglieder aus Europa und Amerika erwartet wurden, ebenso Gäste aus allen Teilen Kameruns. Es wurde vereinbart, dass alle Familienmitglieder sich im Dezember 1990 in Bellah versammeln sollten, um die Beerdigung und Nachfolger-Inthronisation vorzubereiten. Die Festlichkeiten dauerten vom 6. bis zum 9. Januar 1991.

Am 6. Januar wurde ich vor 3000 anwesenden Gästen als neuer Chief von Bellah Ngangah in Fontem Kamerun inthronisiert. Es ist in unserer Kultur Sitte, dass der Chief sein Testament schreibt, aber es seinen Kindern bis zu seinem Tod vorenthält. Er gibt es schriftlich oder mündlich einem engen Vertrauten oder Verwandten bekannt, die versprechen, es geheim zu halten. Nach der Zeremonie musste ich zurück nach Deutschland, da die Weihnachtsferien vorbei waren. Die neue Verantwortung veränderte mein Leben in jeder Beziehung. Bevor ich nach Deutschland fuhr, setzte ich einen Verwalter im Palast ein, der die Geschäfte führte,

während ich in Deutschland war. Die neue Aufgabe war mühsam für mich, da ich auf alle Probleme gleichzeitig eine Lösung finden wollte. Erst später wurde mir klar, dass ich nicht auf alle Probleme eine Lösung finden kann und es auch nicht muss. Der Chief ist der Kopf des Dorfrates. Dieser Rat ist auch das Gericht der Gemeinde. Es richtet über Fälle wie Raub, Einbruch, Unaufrichtigkeit und andere Delikte. Der Chief ist Mittler zwischen den Dorfbewohnern und der Verwaltung. Dies ist besonders wichtig, denn fast alle Dorfbewohner können weder lesen noch schreiben. Der Chief schließt Ehen und löst sie wieder auf. In Kamerun gibt es zwei verschiedene Arten von Ehen. Es gibt die Zivilehe, bei der die Ehedokumente auf beide, den Mann und die Frau, ausgestellt werden. Im Ehedokument steht geschrieben, ob es sich bei dieser Ehe um eine monogame oder eine polygame Ehe handelt. Die Brautleute müssen sich zwischen Polygamie und Monogamie entscheiden. Polyandrie, dass eine Frau mit mehreren Männer verheiratet ist, ist in Kamerun nicht erlaubt. Die andere Art der Ehe, die mehr oder weniger mündlich vollzogen wird, ist die

traditionelle Heirat. In den meisten Fällen gibt es keine Ehedokumente, aber auch eine solche Ehe wird vom Staat anerkannt. Sie wird mehr in ländlichen Gegenden vollzogen, in denen die Traditionen noch stärker verwurzelt sind. Die kirchliche Eheschließung ist überall gleich.

Eine weitere wichtige Aufgabe des Chiefs ist es, Wächter der Kultur seines Dorfes zu sein. Darüber hinaus ist er weisungsbefugt bezüglich der Nutzung des Landes in seinem Dorf, was auch bedeutet, dass er Land für Entwicklungsprojekte vergibt. Darüber hinaus ist der Chief das geistliche Oberhaupt. Ihm werden Probleme vorgetragen, und er gibt Ratschläge. Dies alles erledigte der Verwalter für mich, während ich zurück nach Deutschland an die Universität ging.

Ein Jahr nach meiner Thronbesteigung flog ich zurück nach Kamerun, um zu sehen, ob alles in Ordnung sei. Dies war meine erste Reise nach Hause als Chief. Während dieser Reise lernte ich meine Frau kennen, die zu dieser Zeit Studentin an der Universität von Yaounde war. Sie hatte gerade begonnen, Englisch und Französisch zu studieren und wollte später Journalistin werden. Alles entwickelte sich relativ gut in Kamerun. In kurzer Zeit musste ich eine Menge Probleme lösen. Die letzte und vielleicht die allerwichtigste Aufgabe

war, dass ich Maureen Tazitabong (bekannt als Lady M) meine Liebe offenbarte. Wir sahen uns im Dezember 1991 zum ersten Mal; allerdings hatten einige Kräfte im Hintergrund schon vorher für uns gearbeitet. Im Januar 1992 versprachen wir uns, dass wir mit Gottes Hilfe Mann und Frau werden wollten. Sexuelle Beziehungen hatten wir vor der Eheschließung nicht.

Im Januar 1992 flog ich zurück nach Deutschland und im Oktober desselben Jahres wechselte Maureen von Yaounde zu mir nach Bonn. Kurz nach meiner Rückkehr schrieb ich meiner Familie und informierte sie darüber, dass ich die Frau meines Lebens kennen gelernt habe. Ich bat meine Familie, mit den "Verhandlungen" mit Maureens Familie zu beginnen. In unserer Kultur wird eine Ehe zwischen zwei Familien vollzogen und nicht zwischen zwei Individuen. Am

6. und 7. August 1993 feierten wir sowohl die standesamtliche als auch die kirchliche Hochzeit in Bonn. Es war eine große Feier mit Verwandten und Freunden aus den USA,

aus Kamerun, England, Holland, Italien und natürlich aus ganz Deutschland. Presse und das Fernsehen berichteten. Über 700 Gäste waren anwesend, es gab über 20 Hochzeitstorten. Papst Johannes Paul II. sandte uns ein Glückwunschschreiben aus dem Vatikan. Alles in allem kann ich unsere Liebe nur so zusammenfassen: Gott hatte mich für Maureen bewahrt und Maureen für mich. Er liebt uns unglaublich.

Wir bekamen unser erstes, dann unser zweites Kind, beides Mädchen. Beide waren wir sehr fleißige Pädagogikstudenten. Während der Ferien arbeiteten wir, um das Geld etwas aufzustocken, das wir von Freunden und Verwandten erhielten. Mein älterer Bruder, Morfaw Colombanus, arbeitete damals bei der Nahrungs- und Landwirtschaftsorganisation der UNO in Rom und war uns eine große finanzielle Hilfe. Er ermöglichte uns viele Reisen nach Rom während der Ferien.

XI. Integration in Familien

Maureen, unsere Kinder und ich wurden von einigen Familien in Deutschland völlig integriert. Wenn ich diese Erfahrung mit meinen afrikanischen Kommilitonen teilte, fiel es ihnen schwer, mir zu glauben. Ein Beispiel: Wann immer wir bei Familie May waren, fühlten wir uns wie zu Hause. Unsere Tochter verbrachte einen Monat bei ihnen, als sie 18 Monate alt war. Mays nahmen sie auf, so dass wir Zeit für die Prüfungsvorbereitungen hatten. Diese Atmosphäre einer absichtslosen Liebe erlebten wir auch, wenn wir bei Familie Kirchhoff zusammen waren, ob bei ihnen in Oelde oder woanders. Maureen und ich nennen die Paare Mama und Papa, für unsere Kinder sind es Oma und Opa. Als wir unsere erste Tochter bekamen, war keines dieser Paare schon Großeltern geworden, doch sie nahmen unsere Tochter als ihr erstes Enkelkind auf. Auch ihre Kinder nahmen mich als einen von ihnen auf, und als meine Frau aus Kamerun kam, wurde sie ebenso integriert. Eine andere wichtige Familie wurde für uns die Familie Frings aus Rheinbreitbach, nahe Bonn. Ihre Familie ist wie ein Clan, es gibt jede Menge Einheit. Sie erinnern mich tatsächlich mehr an eine kamerunische Familie als an eine deutsche. Ich werde mich immer an die Hilfe erinnern, die sie uns gaben, von der Sorge um einen Ferienjob bis zur Umzugshilfe von einer kleineren zur größeren Wohnung. Ebenso schätzte ich die Gegenwart ihrer Mutter sehr. Wir alle nennen sie Oma. Das Alter sah man ihr schon an, aber ihr Geist war klar. Sie war über 80, als ich sie zum ersten Mal traf. Es kam ihr zu Ohren, dass es dem Mann in Kamerun gestattet ist, mehr als eine Frau zu ehelichen, wenn er es wünscht. Oma konnte das so gar nicht verstehen, und wann immer sie mich einige Zeit ohne Maureen sah, fragte sie mich, warum meine Frau nicht mit gekommen sei. Sie ist Maureens Schutzengel, wenn sie es nun auch aus der Ferne ist. Ich glaube, dass sie aufpasst, dass bei mir nicht noch eine zweite oder dritte Frau hinzukommt. Ich hatte es ihr versprochen.

Wir fühlten uns nicht nur in Rheinbreitbach wohl, sondern auch in Leverkusen. Dort hatte ich während der Ferien einen Studentenjob im Bayerwerk Leverkusen. Meine deutschen

Kollegen nahmen mich ohne Diskriminierungen auf. Ich war dankbar dafür, denn es ist nicht selbstverständlich. Leverkusen ist ca. 50 Kilometer von Bonn entfernt, wo ich wohnte. In meiner ersten Zeit war es mir unmöglich, jeden Tag nach Leverkusen hin und zurück zu fahren. Ich arbeitete in drei Schichten in der Produktion und hatte kein Auto.

Durch die Fokolar-Bewegung kannte ich Johann und Gudrun Firneburg. Ihnen erzählte ich von meinen Schwierigkeiten und fragte, ob ich bei ihnen bleiben könne, während ich in Leverkusen arbeitete. Sie sagten mir ihre Hilfe zu. Dabei hatten sie nicht bedacht, dass sie Leverkusen während der Sommerferien verlassen würden. Als ihnen dieser Fehler auffiel, sprachen sie mit einer anderen Familie, und diese sagte zu, obwohl sie mich gar nicht kannten. Alles was sie wussten, war, dass ich ein junger Kameruner war, der in Deutschland studierte. Diese beiden, Albert und Rita Hering, waren schon pensioniert. Sie hatten viele Kinder und auch viele Enkelkinder. Mama Rita wusch und bügelte für mich, sie kochte für mich und stellte mich ihren Nachbarn vor, die auch zu meinen Freunden wurden. Für all die Hilfe, die ich von den Familien der Fokolar-Bewegung erfahren durfte, musste ich keinen Cent bezahlen. Im Gegenteil, als ich nach den Ferien zurückkam, brachte ich nach Bonn nicht nur das Gehalt, sondern jede Menge Geschenke dieser Familien mit. Einen Teil der Geschenke nutzte ich, um Bedürftige in Kamerun zu versorgen. Alle diese Geschenke, die wir in Deutschland erhielten, waren sehr wichtig. Noch wichtiger aber war die Liebe, mit der diese Geschenke überreicht wurden. Sie schenkten wegen der Liebe, die zwischen uns war und nicht, weil sie zuviel besaßen. Freundschaft, die auf gegenseitiger Liebe basiert, ist wahre Freundschaft.

An einem Abend, als ich betete und Gott dankte für alles, was er mir und meiner Familie Gutes getan hatte, merkte ich, wie mir dabei die Tränen über meine Wangen liefen. Ich weinte, weil es mir sehr, sehr gut ging. Die meisten meiner kamerunischen Kommilitonen hatten es nicht so gut. Einer meiner Kommilitonen sprach zum Beispiel so gut Deutsch, dass man ihm am Telefon nicht anhörte, dass er ein Ausländer war. Dieser Freund brauchte eine größere Wohnung. Als er in einem Zeitungsinserat eine gefunden hatte, rief er die Besitzerin an. Er hatte ein gutes, ausführliches Telefongespräch mit ihr und sagte, da die Wohnung noch frei war, dass er sie sich anschauen wolle. Das Haus lag um die Ecke, also klingelte er nach fünf Minuten an ihrer Haustür. Die Besitzerin fragte, ob sie ihm helfen könne. Er sagte, dass er, wie am Telefon vereinbart, die Wohnung besichtigen wolle. „Es tut mir leid, die ist schon vergeben“, entgegnete die Besitzerin. Bevor mein Kommilitone fragen konnte, wie sie die Wohnung innerhalb von fünf Minuten an jemand anderen hätte vergeben können, war die Tür schon geschlossen. Mein Freund kehrte sehr bedrückt und enttäuscht nach Hause zurück und erzählte mir, was vorgefallen war. Ich riet ihm, darin eine Vorsehung Gottes zu erkennen und nicht die Hoffnung zu verlieren. Eine Woche später fand er eine bessere und preisgünstigere Wohnung.

Doch noch mehr geschah in jenen Semesterferien. Die ESG Bonn veranstaltete ein Wochenende in Jülich bei Aachen für ausländische Studierende. Nur ein paar deutsche Studenten waren unter uns. Wir nahmen einen freien Nachmittag und machten einen Ausflug. Das Wetter war herrlich, und alle waren froh, mal raus zu kommen. Als wir ankamen und aus dem Bus ausstiegen, standen dort ein paar ältere Damen und Herren. Eine der Frauen zeigte auf uns und sagte: „Mein Gott, der ganze Platz ist voll mit Flüchtlingen!“ Einige unserer Studenten fingen an, ihnen aufgebracht nachzurufen, dass sie keine Flüchtlinge seien. Der Pfarrer, der uns begleitete, beruhigte uns schließlich. Zurück in Bonn erzählte ich dieses traurige Ereignis einem Freund, einem kamerunischen Student. Er gestand mir darauf, dass auch er schon Opfer von rassistischen Vorurteilen gewesen sei.

Eine seiner Erfahrungen: Er hatte einen Ferienjob als Fahrscheinkontrolleur. In einer Nachmittagsschicht fanden er und sein schwarzer Kollege zwei Deutsche, die kein Ticket gelöst hatten. Sie ersuchten die Schwarzfahrer, ihnen die Personalausweise zu zeigen. Die beiden verweigerten das, also riefen die Kontrolleure die Polizei. Zwei Polizisten kamen - und nahmen die Kontrolleure fest! Die Jäger wurden zu Gejagten.

Trotz all der Geschichten, die ich in meiner Zeit in Deutschland hörte oder selbst erlebte, blieb ich offen, flexibel und bereit zum Dialog. So lernte ich, dass viele Deutsche bereit sind, sich zu öffnen, wenn man sich ihnen angemessen nähert.

XII. Doppelte Identität

Ich bin überzeugt: Es gibt keine gute oder schlechte Kultur, gut oder schlecht sind jeweils nur Aspekte einer Kultur. Kulturen verändern sich. Viele Ausländer, die in Deutschland leben, sind so verschlossen, das man sich fragt, warum sie nach Deutschland zum Studium oder zum Arbeiten gekommen sind. Einmal versuchte ich, einen Kommilitonen, der auch aus einem afrikanischem Land kam, zu überzeugen, mit mir in die KHG zu kommen und dort, bei den Treffen und den Gottesdiensten, aktiv zu werden. Er fragte mich, ob er dafür Geld bekäme. Als ich verneinte, kam er nie wieder. Ein anderer Afrikaner, dem ich erzählt hatte, wie mir eine deutsche Familie geholfen hätte, entgegnete mir: „Die Deutschen sind einfach zu reich."

Ich widersprach ihm und stritt dafür, dass diese Familie mir aus Liebe geholfen hätte und nicht, weil sie nicht wüsste, wohin mit ihrem Geld. Ein anderes Thema, bei dem ich immer noch große Differenzen habe mit vielen Afrikanern, die in Europa oder Amerika leben, ist das Zerrbild, das sie von diesen beiden Kontinenten haben. Dieses Zerrbild übermitteln sie auch ihren weniger reichen Verwandten zu Hause in Afrika. Diese Verwandten mögen nie in der Lage sein, andere Teile der Welt kennen zu lernen. So bilden sich diese Menschen in Afrika ein, dass alles in Europa und Amerika eitel Gold sei. Manche Afrikaner sagen ihnen nicht ehrlich, wie viel Stress sie auf sich nehmen mussten, und wie lange es gedauert hatte, bis sie sich das Geld für diesen „Ausflug" verdient hatten. Einige von ihnen nehmen für diese Reisen Schulden auf sich und sind danach pleite. Ich zweifle daran, ob diese Leute den Unterschied zwischen „arbeiten, um zu leben" und „leben, um zu Arbeiten" kennen. In Europa und Nordamerika ist die soziale Grundversorgung wie Gesundheitswesen, Kommunikation und Infrastruktur besser entwickelt als in Afrika. Die deutsche und die kamerunische Kultur unterscheiden sich in dieser Hinsicht in vielen Aspekten.

Aber ich meine, es gilt anzunehmen, wie es nun mal ist. Es gibt ein Sprichwort, das besagt: Wenn man den anderen besser kennen lernen will, muss man näher an ihn herangehen. Gemäß dieses Rates näherte ich mich den Deutschen und fand heraus, dass sie etwas Zeit brauchten, um jemanden als Freund anzunehmen. In der kamerunischen Kultur hingegen ist es so, dass man den anderen sofort als Freund akzeptiert. Erst später bestätigen wir dies - oder verstoßen ihn. Keiner dieser Wege ist nach meiner Meinung der richtige. Die Antwort ist, dass wir tolerant sein müssen und bereit, uns auf Neues, Fremdes einzulassen. Auf diesem Weg werden Friede, Einheit und Liebe wachsen.

Die Tatsache, dass ich als Kameruner in Deutschland studieren konnte, machte mich zum Bewohner zweier Welten. Die Unterschiede zwischen Kamerun und Deutschland sind riesig, sei es das Klima, die Art zu denken, der akademische Zugang oder die Infrastruktur. Als mir 1991 das Amt des Chiefs zukam, wurde die Kluft zwischen den Welten noch größer, denn nun war ich eine „Persönlichkeit“ und hatte Zugang zu Gebieten, die mir zuvor verschlossen waren.

Ich wurde in den Deutschen Bundestag eingeladen, um als Gast die Debatten über afrikanische Politik zu verfolgen. Ich hatte die Möglichkeit, Papst Johannes Paul II. die Hand zu geben. Verschiedene Zeitungen begannen über mich und meine Frau zu schreiben. Deutschen Fernsehsendern gab ich Interviews, die meine Aktivitäten in Bonn und Kamerun thematisierten. Sogar in Deutschland lebte ich in zwei Welten. Morgens zog ich ein Paar Jeans an und ging zur Uni.

Am selben Abend würde ich im Anzug als Chief an einem Empfang teilnehmen, manchmal mit hochrangigen Vertretern, beispielsweise dem deutschen Außenminister. Meine Frau und ich hatten auch die Ehre, den damaligen amerikanischen Präsidenten Bill Clinton bei seinem Staatsbesuch in Bonn zu treffen. Die letzte Persönlichkeit, die ich traf, bevor ich im Jahre 2000 Deutschland wieder verließ, ist mir die allerwichtigste: Es war Chiara Lubich.

XIII. Zwischen Jeans und Abendanzug

Sehr oft war das Intervall zwischen den Seminaren und den Feierlichkeiten, an denen ich als Chief anwesend sein musste, zu kurz, um nach Hause zu fahren und mich umzuziehen. Eines der vielen Beispiele dieser doppelten Identität war, als ich ein Interview in einer Zeitung gab. Es ging um eine Kampagne, ein Wasserprojekt in meinem Heimatdorf Bellah zu finanzieren. Wenige Tage nachdem das Interview in der Presse veröffentlicht wurde, fuhr ich mit dem Bus von der Universität nach Hause. Eine deutsche Frau sprach mich an, sie fragte mich nach meiner Nationalität und was ich in Deutschland tue. Ich sagte ihr, dass ich ein Kameruner bin, der in Bonn studiert. Sie meinte daraufhin, dass sie vor zwei Tagen einen interessanten Artikel über einen kamerunischen Studenten gelesen habe, der gleichzeitig Chief in seiner Heimat sei. Dann fragte sie mich, ob ich diesen Chief kenne. Ich sagte nur: „Ja, ich kenne ihn, wir sind in einem Seminar." Dann verabschiedete ich mich, denn ich musste an der nächsten Haltestelle aussteigen. Ich weiß bis heute nicht, ob ich gelogen hatte oder nicht. Ich hatte einfach das Problem, dass ich mich nicht wirklich in der kurzen Zeit vorstellen konnte. Es wäre schwer gewesen, ihr zu erklären, dass ich derselbe Chief bin, der in der Zeitung interviewt wurde, und der nun in Jeans neben ihr im Bus saß. An der Universität ließ mich die schlichte Art, mich zu kleiden, immer als einfachen Studenten erscheinen. Das machte mir das Leben leichter.

Auf diese Weise hatte ich größere Chancen, die deutsche Kultur und Gesellschaft kennen zu lernen. Ich denke: Wenn wir aus irgendeinem Grund etwas an einer anderen Kultur nicht mögen, so sollte das nicht bedeuten, dass wir uns verhalten, als wäre unsere Kultur besser als die andere.

Ein Beispiel: Nach meiner Hochzeit mit Maureen wurde ich von Alfred Biolek, einem deutschen Journalisten, in dessen

Talkshow im Deutschen Fernsehen eingeladen. Thema war „Afrikanischer Adel“, und es waren entsprechende Diskutanten eingeladen.

Während der Diskussion kamen wir auf das Thema Polygamie. Mein Vater lebte ja mit zehn Frauen in Polygamie. Alfred Biolek fragte, wie ich positiv über Polygamie sprechen könnte, da ich doch vorher gesagt hätte, dass ich aus einer christlichen Familie komme und kirchlich geheiratet habe. Er wollte wissen, was der Papst wohl meinen würde, wenn er davon hörte, was ich da so erzählte. Kurz, Biolek behauptete, dass der römische Katholizismus, den wir in Kamerun praktizieren, ein anderer sei als der in Deutschland gelebte. Natürlich ist dies nicht wahr, denn katholische Gesetze gelten weltweit. Verwirrung entsteht, weil viele Menschen den Unterschied zwischen Religion und Kultur oder zwischen Religion und Staat nicht kennen. Religion ist ein Teil der Kultur eines Volkes, nicht umgekehrt. Andererseits passen einige Teile der Gesetze eines Staates nicht zu den Anforderungen der katholischen Kirche. Das Kirchenrecht verlangt Monogamie. In diesem Punkt geht das deutsche Gesetz mit dem Kirchenrecht konform. Hingegen akzeptiert das kamerunische Recht sowohl Monogamie als auch Polygamie, aus Respekt vor der kamerunischen Kultur. Alfred Biolek hatte während seiner Sendung behauptet, dass der deutsche Katholizismus besser sei als kamerunische. Ich fragte den Journalisten, ob Heirat und mehrmalige Wiederheirat in der katholischen Kirche akzeptiert sei. Oder ob es katholisch sei, eine Frau zu Hause haben und sich als Ehemann in der Freizeit einer Geliebten zu widmen. Den Glauben zu „messen“ an der Anzahl der gebauten Kirchen oder an der Häufigkeit des Kirchgangs, sei wohl zu kurz gegriffen. In Deutschland sind die Kirchengebäude sehr schön. Das allein aber reicht nicht. Der Mensch ist nicht in der Lage, darüber zu richten, wer der bessere Christ ist, wer „zum Himmel und wer zur Hölle“ gehen soll. Glücklicherweise ist es Gott allein, der entscheidet. Alles was wir tun müssen ist, bewusst uns zu öffnen und zu versuchen, Gott durch die Liebe näher zu kommen.

In der Nweh-Sprache, meiner Muttersprache, bedeutet das Verb „heiraten“ (nduaa) auch „betteln um“. Als ich Maureen heiratete, also „um sie bettelte“, gab meine Familie Brautgeschenke, wie es unserer Kultur entspricht. Brautgeschenke sind meiner Meinung nach nicht im Entferntesten dasselbe wie ein Brautpreis. Wenn man im Englischen „Brautpreis“ sagt, klingt das so, als kaufe der Bräutigam seine Braut und besitze sie dann. Man kann nicht eine ganze Kultur verurteilen, weil wenige Individuen oder Stämme mehr verlangen, als erwartet wird. Es ist absurd zu hören, wie einige Kameruner sagen, dass wir unsere Frauen kaufen oder unsere Töchter verkaufen würden. Schlimm ist es, dass diese Kameruner westlicher sind als die Westler. Mit einem Freund hatte ich darüber heftig diskutiert. Er behauptete, dass es in Europa weder Brautgeschenke noch einen Brautpreis gebe. Ich fragte ihn, warum es denn in Kamerun genauso sein müsse wie in Europa. Zum einen ist Europa ein Kontinent mit vielen Ländern und verschiedenen Kulturen, genauso wie Afrika. Ich fragte ihn, ob er mir gegenüber rechtfertigen könne, dass es in Deutschland lange Zeit üblich war, dass die Brautfamilie die Hochzeit finanziert.

Schon in Deutschland gibt es große Unterschiede zwischen Menschen in Bayern oder im Rheinland, in der Art wie sie reden oder feiern. In Rom sprach ich mit einigen Italienern und sie sagten mir, dass sie nie nach Deutschland ziehen würden, weil dort zuviel Ordnung herrsche. Andererseits beklagen sich Deutsche über die Unordnung in Rom, zum Beispiel beim Autofahren. Ich selbst hätte einmal beinahe mein Leben verloren, als ich es wagte, den Zebrastreifen zu betreten. Als ich merkte, dass ein ankommendes Auto sich überhaupt nicht um die Fußgänger scherte, ergriff ich die Flucht ein und rannte um mein Leben. Alle um mich herum lachten mich aus. Ich musste mich daran gewöhnen. Kurzum: Menschen aus unterschiedlichen Kulturen haben unterschiedliche Lebensgewohnheiten.

Viele von meinen deutschen Freunden haben uns in Kamerun besucht und wollten mehr über unsere Kultur erfahren. Wegen gesundheitlicher Probleme war es Heinz und Brigitte Ueberfeld, den Paten unseres Sohnes Leke, nicht vergönnt, Kamerun zu besuchen. Aber ihr Sohn Mathias hat Kamerun bislang viermal besucht. Er ist jetzt wie ein Bruder für mich. Jedes Mal, wenn wir uns treffen oder uns schreiben, teilen wir Freud und Leid. Heinz-Willi Schorn, heute Patenonkel meines Sohnes Atem wusste, dass ich nicht eine andere Frau oder andere Frauen heiraten würde, da ich kirchlich getraut war. Er wusste aber auch, dass ich zu diesem Zeitpunkt „nur" Töchter hatte und in der Tradition der Bangwa nur ein Sohn der nächste Chief werden könne, also deshalb erwartet wird, dass der Chief mehrere Frauen nimmt, um die Erbfolge zu sichern. Er fragte mich, was ich machen würde, wenn ich weiter „nur Mädchen" bekommen würde. Ich sagte ihm, ich würde mich mit dieser Frage nicht beschäftigen,

beziehungsweise belasten, denn Gott, der Allmächtige, würde für alles sorgen.

Doch ich gebe zu: Es gab viele Sorgen. Ich bekam viel Gegenwind aus Kamerun. Unser erstes Kind beispielsweise bekam den Namen Acha-Gisela. Acha ist der Name meiner biologischen Mutter, und Gisela ist der Name meiner deutschen „Mutter". Einer meiner Brüder schrieb mir sogar und riet mir, dass ich den Namen des Babys ändern und ihr stattdessen den Namen meines Vaters geben solle. Ich hielt stand und wich nicht von meiner Entscheidung. Nach der Geburt unserer zweiten Tochter Eme-Claudia, genannt nach meiner Schwiegermutter und unserer Freundin Claudia May, behauptete mein Schwager, dass es ein Fehler wäre, den Namen meiner Schwiegermutter vor dem meines Schwiegervaters zu setzen. Er würde mir raten, zuerst den Schwiegervater zu nennen. Ich beriet mich mit meiner Frau, und wir waren uns einig, dass es so weiter gehen sollte in der Namensgebung, wie wir begonnen hatten. Schließlich sei es Gottes Plan, dass uns zuerst Mädchen geschenkt wurden.

XIV. Trinkwasser für das Dorf

Nach vielen Jahren in Deutschland reifte in mir die Gewissheit, ich hätte versagt, wenn ich zurück nach Kamerun gehen würde, ohne zumindest ein Projekt in meinem Dorf realisiert zu haben. Ich entschied mich für ein Trinkwasserprojekt, das ich für mein Dorf als absolute Notwendigkeit einschätzte. Doch wie sollte ich dieses Projekt meinen deutschen Freunden und Sympathisanten präsentieren und ihnen Transparenz zusichern, die Garantie, dass die gesammelten Spenden auch wirklich für dieses Projekt benutzt würden? Ich entschied mich, Fotos zu machen, die zeigen sollten, wie primitiv und ungesichert die Wasserquelle unseres Dorfes war. In der Trockenzeit mussten die Menschen bis zu zwei Kilometer gehen, um sauberes Trinkwasser zu holen. Eine saubere Quelle entsprang dem Berg im Nachbardorf. Von den Fotos wurden Postkarten gedruckt und verkauft. Ich sprach mit dem damaligen Verantwortlichen der Fokolar-Bewegung in Fontem, Dr. Pino Trova, damit er mir helfe, das Projekt auszuführen, sobald das Geld dafür angekommen sei. In Bonn brauchte ich ein Bankkonto als Geldsammelstelle. Meine private Kontonummer konnte ich nicht angeben, das hätte verdächtig ausgesehen. Bei einem Treffen mit dem Studentenpfarrer der KHG bat ich um die Erlaubnis, das Missionskonto für diesen Zweck zu nutzen. Ich bekam die Kontonummer mit dem Verwendungszweck „Wasser für Bellah“. Meine Freunde und Wohltäter spendeten großzügig und ich habe ihnen herzlich für die moralische und finanzielle Unterstützung zu danken. Das Geld wurde den Fokolaren in Fontem überwiesen, die das Projekt realisierten.

Ein Freund in der Not ist ein wahrer Freund, und ich habe einen: Helmut Lohrer. Nach seinem Abitur ging er als ein Fokolar nach Kamerun und lehrte am Gymnasium in Fontem. Danach ging er nach Deutschland zurück und studierte Medizin. In Fontem hatte Helmut meinen kleinen Bruder, Nico Morfaw, am Gymnasium unterrichtet. Zuerst war es eine Lehrer-Schüler-Beziehung, später sollte daraus eine Freundschaft erwachsen. Als ich nach Deutschland kam, gab mir mein Bruder seine Adresse, und ich nahm mit ihm Kontakt auf. Das erste Mal trafen wir uns auf einer Party, die ich aus Dankbarkeit für alles, was Gott mir geschenkt hat, organisiert hatte. Auf dieser Party war auch Nico, mein kleiner Bruder, sein ehemaliger Schüler. Nico war gerade nach Deutschland gekommen, um hier zu studieren.

An einem Wochenende besuchte ich Helmut in Heidelberg. Helmut hatte ein kamerunisches Gericht gekocht: Koki und Kochbanane. Mein Eindruck von Helmut war, dass er halb Deutscher, halb Kameruner sei, obwohl seine Eltern Deutsche sind. Denn nur Frauen bereiten Koki zu, der durchschnittliche kamerunische Mann kann kein Koki zubereiten. Helmut war schon Arzt, als er Elisabeth heiratete. Natürlich waren Maureen und ich unter den Hochzeitsgästen. Helmut und Elisabeth verbrachten ihre Flitterwochen in Bellah-Kamerun. Ihren zwei Kindern gaben sie Namen aus unserem Stamm. Ihre Tochter heißt Ndemafia (das heißt: „Wenn Gott gibt, nehmen wir es an"). Als seine Frau einen Sohn gebar, baten sie mich, einen Namen vorzuschlagen. Ich riet ihnen, sie sollten ihn Anuchem taufen, das heißt „Alles ist in Gottes Händen". Meine Frau ist die Taufpatin der Tochter und ich der Taufpate ihres Sohnes.

Eines Tages sagte Helmut Lohrer zu mir: „Ich habe einen Namensvetter, er ist auch mein Onkel: Helmut Schmidt. Wir verstehen uns sehr gut, und ich bin mir sicher, Du wirst ihn auch mögen. Lass uns ihn besuchen!" Wir besuchten den SPD-Politiker. (Zur Klarstellung: Hier handelt sich nicht um den Altbundeskanzler!) Alles, was Helmut Lohrer über seinen Onkel gesagt hatte, fand ich bestätigt. Spontan sagte Helmut Schmidt, dass seine Türen immer für mich offen seien und ich müsse auch nicht mehr unbedingt den Weg über Helmut Lohrer nehmen, um mit ihm Kontakt aufzunehmen. Seitdem gab es viele Besuche auf beiden Seiten. Helmut Schmidt half mir, mein politisches Wissen zu erweitern. Er ermöglichte es mir, während der Ferien in der Friedrich-Ebert-Stiftung in Bonn zu arbeiten. In dieser Zeit bekam ich eine Vorstellung von internationaler Politik. Ich hatte die Chance, über berühmte deutsche Politiker wie Konrad Adenauer und Willy Brandt zu lesen. Ohne Zweifel: Wir sind gute Freunde. Das einzige, was noch aussteht, ist ein Besuch Helmut Schmidts in Kamerun. Helmut Schmidt hat auf unserer Hochzeitsfeier in Bonn auch enge Familienangehörige kennen gelernt. Nach der Hochzeit lud er uns zu sich ein.

Ich erzählte als Toast eine Geschichte über meine Freunde. Darin kam der Name „Helmut“ in Bezug auf vier verschiedene Leute vor. Mein älterer Bruder, Colombanus Morfaw, und seine Familie hatten uns zu unserer Hochzeit in Bonn besucht. Sie waren auch bei den Schmidts. An einem Punkt unterbrach mich mein Bruder: „Ich komme nicht mehr mit: Hier gibt es zu viele Helmuts. Chief, könntest Du das bitte für mich etwas differenzieren?“ Also versuchte ich eine Unterscheidung der Helmuts: Helmut Hoffmann ist Pfarrer, Helmut Schmidt ist Politiker, Helmut Artmann ist ein Fokolar und Helmut Lohrer ist Arzt. Als ich ans Ende meiner Erzählung gekommen war, sagte mein Bruder „Von nun an wollen wir Helmut Lohrer Helmut Morfaw nennen. Die anderen gehören zu den Deutschen.“

Helmut Lohrer zeigte ein besonderes Interesse am Bangwa-Stamm und an Kamerun. Um die Fürsorge zu würdigen, die Helmut Lohrer und seine Familie mir und meiner Sippe zukommen ließ, ernannte ich ihn im Dezember 2001 anlässlich der Feier meines zehnjährigen Jubiläums als Chief von Bellah zu einem meiner „notables“, also zu einem Adelsmit-

glied. Von da an kann er sich Nkem Lohrer nennen. Konkret bedeutet dies, dass Helmut offiziell einer meiner Berater und Mitglied des Dorfrates ist. Er kennt unsere Kultur gut und hat Respekt vor unseren Werten. Nach der Krönungszeremonie erklärte seine königliche Majestät, der Fon Fontem Njifua, der mein Boss ist, dass die Aufgaben von Nkem Lohrer nicht nur auf Bellah beschränkt seien. Von da ab war er auch Botschafter des Königreichs von Fontem in Deutschland.

XV. Diplomprüfung und Plan Gottes

Ich verbrachte 13 Jahre in Deutschland, Maureen acht. Im Hauptfach studierte ich Erziehungswissenschaft und als Nebenfächer Soziologie und Psychologie in Bonn. Als Thema für meine Magisterarbeit wählte ich: „Das Anglophongrundschulsystem in Kamerun und seine mögliche Weiterentwicklung". Meine Frau Maureen studierte Sozialpädagogik an der katholischen Fachhochschule in Köln. Unsere Studiengänge hatten wir genau überlegt und für Maureen das

Fach ausgesucht. Als sie nach Deutschland kam, hatte ich schon angefangen zu studieren. Unsere gemeinsame Überlegung war es, in die gleiche Richtung zu studieren. Wir hatten vor, nach dem Studium zurück nach Hause zu kehren. Wir wussten auch, dass das erworbene Wissen in Kamerun gebraucht wird, weil wir uns im Erziehungsministerium bewerben oder eine private Schule gründen wollten. 1997 arbeiteten wir beide an unseren Diplomarbeiten.

Wir waren absolut vorsichtig, doch wie es passieren konnte, dass Maureen schwanger wurde, das weiß nur Gott allein. Der Frauenarzt eröffnete uns, dass es nicht nur eine Schwangerschaft war, sondern dass wir Zwillinge bekämen. Einerseits fühlten wir uns, als hätte Jesus uns verlassen. Andererseits war es ein Segen Gottes, uns Zwillinge zu schenken. Im Bangwa-Stamm glaubt man nämlich, dass Gott jedem Paar jedes Mal nur ein Kind gibt. Die Paare, die Zwillinge oder Drillinge bekommen, seien von ihm besonders beschenkt. Aus diesem Grund hebt die Geburt von Zwillingen den Status der Eltern, die Frau wird Anyi genannt und der Ehemann Tanyi. In diesem Fall gibt es keinen „Unfall“ oder „Zufall“, sondern nur den Willen Gottes. Ich selbst bin ein

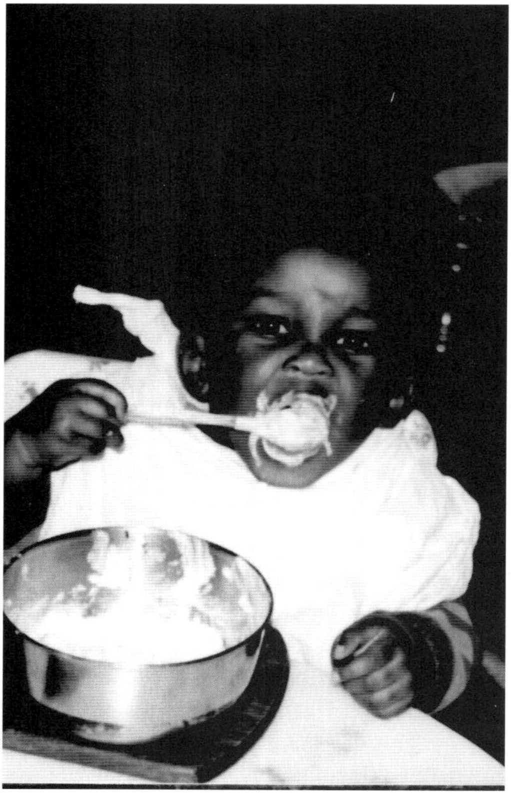

Zwilling. Trotzdem hatten wir ein großes Problem. Wir mussten uns mit unseren Kindern auf die deutschen Diplomprüfungen vorbereiten, hatten wenig Zeit und wenig Geld. Wegen der knappen Kasse entschlossen wir uns, nach der Geburt die zwei Babys nach Kamerun zu schicken, um Geld zu sparen. Zu diesem Zeitpunkt waren wir sehr deprimiert und mehr als gestresst. Dennoch musste das Leben weitergehen. Wir erzählten unseren engen Freunden und Verwandten von unseren Nöten.

Mein ältester Bruder, Columbanus Morfaw, der in Rom in der FAO, der UNO-Ernährungsorganisation, arbeitete und seine Familie waren uns in dieser Zeit moralische und finanzielle Stütze. Ich erzählte auch Berthold und Ursula May, die wir zu unserer Familie zählten, von unseren Sorgen. Berthold vertraute mir an, dass sie sehr traurig seien, da seine Frau aus medizinischen Gründen keine Kinder bekommen könne. Auch ein Adoptionsversuch war bei ihnen fehlgeschlagen. Ich ermunterte ihn, nicht aufzugeben, sondern dass wir gemeinsam weiter beten sollten, denn wenn der allmächtige Gott es will, könnte er auch eine medizinisch diagnostizierte Unfruchtbarkeit wenden. Ich fügte hinzu, dass Gott in der Lage ist, aus einem Prozent hundert Prozent zu machen.

Nach einiger Bedenkzeit gab uns Berthold Bescheid, dass er und Ursula uns finanziell unterstützen wollten, so dass wir unsere Kinder nicht nach Kamerun zurückschicken müssten. Sie hatten auch nicht viel Geld, denn sie hatten gerade erst zu arbeiten begonnen. Also entließen sie ihre Haushälterin für zwei Jahre und gaben uns das Geld, das sie dadurch einsparten. Das bedeutete, dass die beiden Ärzte nun alles das tun mussten, was vorher die Reinigungskraft getan hatte. Wenige Monate später erfuhren wir, dass Ursula schwanger war! Es war kaum zu glauben. Es war das Wunder des Jahres.

Maureen schenkte zwei Jungen, Atemlefac und Lekelefac, das Leben. Ursula gebar kurze Zeit später einen Sohn Janick. Zwei Jahre danach kam ihre Tochter Julia zur Welt.

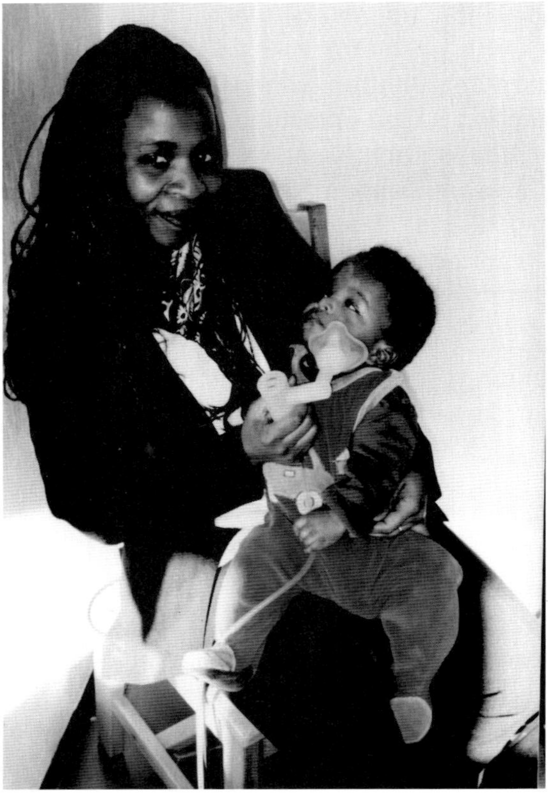

Unsere beiden Familien sind immer noch dankbar für diese wundervollen Geschenke.

Wegen der Geburt der Zwillinge im Juni 1998 verzögerte sich unsere endgültige Rückkehr nach Kamerun bis ins Jahr 2000. In diesem Jahr besuchte Chiara Lubich, die Gründerin der Fokolar-Bewewegung, Deutschland, bevor sie im Mai 2000 nach Fontem-Kamerun kam. Ich hatte die Möglichkeit, sie zu treffen und mit ihr für rund sieben Minuten zu sprechen. Drei Viertel dieser Zeit weinte ich wie ein Kind. Es war der teuerste Moment in meinem Leben. Bis heute habe ich nicht die rechten Worte gefunden, um zu beschreiben, wie ich damals fühlte.

Wir bekamen unsere Diplomzeugnisse im Februar, beziehungsweise Mai 2000. Danach packten wir unsere Koffer. Am 29. August 2000 verließen wir Deutschland für immer, gewillt, neuen Herausforderungen wie Traditionskonflikten, einigen Malariaattacken, der neuen Umgebung für unsere Kinder und einem zu erwartenden Kulturschock ins Angesicht zu schauen.

XVI. Kulturschock in Kamerun

Meine Rückkehr nach Kamerun bedeutete einen völligen Neustart nach den 13 Jahren, die ich in Deutschland verbracht hatte. Viele Verwandte und Freunde fingen an mich zu bedrängen, dass ich nun noch mehrere Frauen heiraten müsse, wie es unsere Tradition vorschreibt. In der Regel hat der Chief immer viele Frauen. Da ich aber dies wegen meiner christlichen Überzeugung ablehnte, bedeutete es, gegen den Strom zu schwimmen. Am Anfang half ich mir immer mit fadenscheinigen Ausreden, etwa ich sei noch nicht bereit, hätte nicht das Geld. Dann kam der Punkt, da ich mich fragte, wie lange ich dies noch mitmachen wollte. Ich dachte, der richtige Moment sei noch nicht gekommen. Um diesen Weg zu gehen, der mir für meinen Glauben so wichtig war, brauchte ich Courage und musste für die Konsequenzen bereitet sein, die sich daraus ergeben würden.

An einem Freitag gingen Maureen und ich zu den Fokolaren nach Fontem. Am Abend konnten wir einen Film von Chiara Lubich sehen, der den Titel „Ein Wunder im Wald" trägt. Dieser Film handelt von ihrem Besuch in Fontem im Mai 2000. In diesem Film sieht

man das Wunder, das Gott getan hat: Als Chiara Lubich Fontem 1966 das erste Mal besuchte, war dort nichts außer unberührtem Regenwald mit vielen Schlangen, Mücken und Malaria. Die Schlafkrankheit war damals in Fontem sehr verbreitet. Nur allradbetriebene Fahrzeuge konnten nach Fontem kommen und auch das nur mit großen Schwierigkeiten. Trotz dieser jämmerlichen Situation sagte Chiara Lubich: „Ich sehe hier eine blühende Stadt“. 34 Jahre später ist Fontem eine solche Stadt geworden. Ihr Traum wurde wahr.

Nachdem ich diesen Film gesehen hatte, wusste ich, um stark zu sein brauchte ich als Christ nicht mehrere Frauen und viele Kinder zu haben. Ich bin überzeugt, dass Chiara Lubich die Mutter und Großmutter des Bangwa-Volkes ist. Meine christliche Überzeugung, nur eine Frau zu heiraten, wuchs stärker denn je. Ich wusste, dass der richtige Moment gekommen sei, darüber auch öffentlich zu sprechen. In der Gegenwart der Chiefs, der Honoratioren und des ganzen Volkes, das dort bei unserem Treffen am nächsten Tag versammelt war, sagte ich, dass ich mir im tiefsten Herzen darüber sicher bin, es sei der Wille Gottes, dass ich nur eine

Frau heirate. Ich sagte auch, dass ich die Chiefs und alle diejenigen, die mit mehreren Frauen verheiratet sind, von ganzem Herzen respektiere. Ich könne und ich wolle keinen verurteilen, der nicht monogam lebt. Nach meiner Einschätzung gab es großen Applaus von den rund 500 Versammelten, aber nicht von allen. Ich glaube, dass die meisten von denen, die mir rieten, viele Frauen zu heiraten, dies aus gutem Grund tun.

Nach dem Treffen gingen alle mit verschiedenen Interpretationen dessen nach Hause, was ich gesagt hatte. Natürlich brauchte es nicht lange, bis die falsche Version in Bellah ankam. Ich stürzte in viele Krisen, weil ich die Tradition gebrochen hatte. Als Reaktion auf meine öffentliche Bekundung, dass ich nicht mehrere Frauen heiraten würde, begannen einige meiner Stiefmütter mit einer Diskussion über die Notwendigkeit jüngerer Frauen und von mehr Kindern, die die Älteren ersetzten. Sie fragten auch, was aus dem Palast würde, wenn sie, die Älteren sterben und auch, ob mein Vater ein Sünder gewesen wäre, weil er viele Frauen geheiratet hatte. Ich verstand ihre Ängste. Ich glaube nicht, dass er ein Sünder war, denn er lebte in Verhältnissen, die anders waren als die meinen. Nur Gott kann uns gerecht richten. Aber einfach mehrere Frauen heiraten und viele Kinder zu zeugen, könne nicht die Lösung sein.

Ich sagte ihnen, dass ich für die Kinder Schulgeld gezahlt hätte von dem Tag an, da ich den Thron im Januar 1991 bestieg, obwohl ich noch Student war, und fügte hinzu, dass ich nicht mehr Kinder haben könne, als ich aufzuziehen in der Lage sei. Sie meinten, ich würde denken wie ein Europäer.

Ich schlug daraufhin vor, ich könnte weitere Frauen heiraten, aber dann würde ich die Unterstützung für alle die Kinder stoppen, die nicht meine leiblichen Kinder sind. Wie zu erwarten war, beklagten sie sich, dass dies kein guter Vorschlag sei. Am Ende unserer langen Diskussion sagte eine der ältesten Stiefmütter, ich könne bei nur einer Frau bleiben, wenn ich es mir reiflich überlegt hätte – sollte mich dann aber wenigstens nicht auf vier Kinder beschränken. Ich antwortete, dass man sehen würde, was der Wille Gottes sei. Tatsächlich geht das Problem der Kinder von mehreren Frauen in zwei Richtungen: eine spirituelle und eine finanzielle. Es ist ein sehr sensibles und kontroverses Thema in unserem Stamm, und es braucht Zeit.

Die Herausforderung der Polygamie war nur eines von vielen Problemen, die alle zur selben Zeit über uns einstürmten. Zuerst war es schwer, für mich und meine Familie ein passendes Haus in der Stadt Dschang zu finden. Es war September, das Schuljahr 2000/2001 hatte gerade begonnen. Besonders für unsere Kinder war der Umzug schwer, da alle in Deutschland geboren waren und sich nun in einer völlig neuen Umgebung einleben mussten. Die beiden Mädchen gingen gerade drei Tage zur Schule. Am vierten Tag sagte eine von beiden, dass sie nie wieder zur Schule gehen werde. Als wir sie fragten, was geschehen sei, sagte sie, dass sie von einer Lehrerin mit dem Stock geschlagen wurde. Um sie zu überzeugen, wieder zur Schule zu gehen, fragten wir sie, wie sie denn sonst lesen und schreiben lernen wolle, wenn nicht in der Schule. Sie antwortete: „Mama wird uns zu Hause unterrichten“. Da man in Kamerun Stöcke benutzen darf, war es überflüssig, uns darüber zu beschweren oder die Schule zu wechseln. Alle Schulen in Dschang waren da gleich, und wir waren machtlos. Nach einer langen Aussprache willigte sie ein, wieder in die Schule zu gehen.

Ein weiteres Problem waren die Krankheiten. Immer wieder litten wir unter Malariaattacken und manchmal auch an Typhus. Es ging uns so schlecht, dass im ersten Jahr nahezu alle zwei Wochen eines unserer Familienmitglieder ins Krankenhaus eingewiesen werden musste. Ich selbst musste wegen Malaria in den ersten zwölf Monaten vier Mal ins Krankenhaus. Doch schrittweise gewöhnten wir uns ein und alle Kinder sind nun „echte" Kameruner geworden. Bevor ich Deutschland verließ, hatte ich einen 18-monatigen Vertrag mit der Village Women's Organisation (VIWO) in Bamenda-Kamerun unterschrieben. VIWO ist eine Nichtregierungsorganisation, die sich um die Entwicklung von Frauen in ländlichen Gebieten kümmert. Ich begann mit meiner Arbeit als pädagogischer Referent in Bamenda am 1. Oktober 2000. Nur eine Woche danach erhielt ich einen Brief, dass mein Container aus Deutschland am Seehafen Douala angekommen sei. Bevor ich den Container entladen konnte, ging ich zur kamerunischen Botschaft und musste alle Waren verzollen. Die Botschaft händigte mir dann ein Transferzertifikat aus. Dies bedeutete, dass ich nur wenig Zoll zahlen musste, da ich nachweisen konnte, dass ich den Großteil der Waren in Bonn genutzt hatte.

Ich nahm mir drei Tage frei. Um den Entladeprozess zu beschleunigen, stellte ich einen Agenten an. Er verlangte unrechtmäßig Geld von mir, um die Beamten zu bestechen. Da alle Waren korrekt abgewickelt wurden, sah ich es nicht ein, Menschen Geld zuzustecken, die es nicht verdient hatten. Er sagte mir, ohne dieses Geld würde es nicht gehen, weil das „die Regel" sei. Ich lehnte diese „Regel" ab. Weil ich versuchte, so korrekt wie möglich zu sein, entschloss sich der Zollbeamte, mir noch mehr Geld abzunehmen. Glücklicherweise kannte ich mich mit der Berechnung von Zöllen aus. Ich fasste Mut und ging zu seinem direkten Vorgesetzten, um mich zu beschweren. Sein Chef zitierte den Zollbeamten in meiner Gegenwart zu sich und befahl ihm, mir das überzahlte Geld zu erstatten. Er fügte hinzu, dass er junge Kameruner ermutigen solle, zurückzukehren und sie nicht durch sein Handeln wieder zu vertreiben. Wir gingen und der Zollbeamte korrigierte die Taxierung wie angeordnet. Es gibt noch immer ein paar Kameruner guten Willens. Mein Agent hatte mir geraten, den Zollbeamten zu bestechen, alles andere wäre nur Zeitverschwendung. Nach alledem gratulierte mir der Agent zu meinen Mut, mich bei dem Vorgesetzten zu beschweren. Ich sagte ihm, dass wir unsere Gesellschaft nur verändern könnten, wenn wir mutig und geduldig vorgehen. Wir müssten Zeit aufbringen, wenn wir etwas verändern wollen. Einen Tag später, als der Container den Hafen verlassen sollte, bekam ich die Nachricht, dass er noch einmal komplett von einer anderen Zollbehörde kontrolliert werden sollte. Am Ende dauerte alles drei Wochen und hatte harte Arbeit und viele Nerven gekostet.

XVII. Kampf gegen Korruption

Ich ahnte kaum, welches Dilemma mir noch bevorstehen würde. Wir stießen auf 17 Checkpoints auf unserem Weg von Douala nach Dschang auf einer Strecke von 290 Kilometern. An einigen Stellen gab es zwei Checkpoints innerhalb eines Kilometers. Einige waren mit Polizeioffizieren besetzt, andere von Gendarmen (ähnlich wie Polizisten), an anderen kontrollierten sowohl Gendarmen als auch Polizeioffiziere. An einem Checkpoint fragte ich den Offizier, ob er da sei, um den Staat und seine Bewohner zu schützen, oder ob er sich persönlich bereichern wolle. Wir hatten viele Schwierigkeiten auf unserem Weg. Die schlimmste Situation, in die ich geriet, war, als ich einem Beamten in Nkongsamba meine Dokumente vorlegte, zum Beweis, dass ich alle Zölle gezahlt hatte. Schamlos entgegnete er mir, dass ihn Dokumente nicht interessierten. Er fragte mich, ob er Papier essen solle und verlangte von mir, dass ich ihm Geld geben und dann verschwinden solle. Ich sagte ihm, dass ich das ganze Geld bereits in Douala ausgegeben habe. Aber ich will auch erwähnen, dass mir an zwei Kontrollen von den Kontrolleuren alles Gute und eine sichere Reise gewünscht worden war. Einmal war ich so froh über die Freundlichkeit und den Respekt der Beamten, dass ich ihnen freiwillig ein Trinkgeld gab.

Den größten Schock aber bekam ich in Bafoussam, als einige Zollbeamten meinen Container konfiszierten und ihn während der Nacht in ihr Büro zerrten. Ich ging und schlief in Dschang. Am nächsten Morgen erzählte ich die Situation seiner Hoheit Momo I., König von Foto in Dschang. Er bot mir seine Hilfe an, und wir fuhren nach Bafoussam. Durch sein Einschreiten wurde der Container schnell freigegeben, jedoch mit der Auflage, dass zwei Zollbeamte den Container nach Dschang begleiteten, um dort den Inhalt noch einmal zu kontrollieren. Ich bezahlte die notwendigen Gebühren, die man in Bafoussam verlangte, und wir fuhren nach Dschang zurück. Am späten Nachmittag kamen zwei Zollbeamte zu Fotos Palast in Dschang. Sie öffneten den Container, entluden ihn und stellten fest, dass ich alles ordnungsgemäß deklariert hatte. Aus reiner Freundlichkeit lud seine Hoheit Momo I. die Beamten ein, sich in seinen Empfangsraum zu setzen und etwas zu trinken. Während sie tranken, drückten sie mir eine fiktive Rechnung über 300.000 CFA (ca. 450 Euro) in die Hand. Sie behaupteten, dass ein Teil dieser Summe die Außenauftragsentschädigung sei und das Fahrgeld von Bafoussam nach Dschang und zurück. Der Rest würde für ihren Chef sein. Ich verhandelte, und sie nahmen am Ende 200.000 CFA (ca. 300 Euro). Dazu behaupteten sie noch, sie wären besonders nett. Als ich ihnen das Geld übergab, bedankte ich mich für ihre „Nettigkeit". Sie nahmen nicht nur das Geld, sondern steckten sich auch 20 Kilogramm Waschpulver ein, das wir aus Deutschland mitgebracht hatten. Dies störte mich besonders, denn Waschmittel sind in Dschang besonders teuer, wenn es sie überhaupt gibt. Ebenso verletzte es mich, dass sie sich mir gegenüber so arrogant verhielten. Als der Container entladen war, hörte ich einen von ihnen im Befehlston zu mir sagen: „Pack' das Waschpulver in mein Auto!" Jetzt waren die Beamten die Meister und ich ihr Diener. Ihr Verhalten war rüde und unehrenhaft. Was ich sah und was ich hörte, konnte ich nur schwer so hinnehmen. Dies war ein richtiger Kulturschock für mich. Ich hatte eine bittere Pille zu schlucken – eine Pille, die ich aber nicht einfach hinunterschlucken wollte.

Während der nächsten Wochen berichtete ich einigen Freunden und Verwandten von diesem Erlebnis. Ich sagte ihnen, dass ich mich auf dem Rechtsweg über das Verhalten der Beamten beschweren wolle. Fast alle lachten mich aus und meinten, dass ich weder mein Geld noch meine Zeit investieren solle, denn das ganze Land sei korrupt. Wenn das wahr sei, dachte ich, müsse doch aber einer den Anfang wagen, um die Situation zu ändern. Ich war entschieden gewillt, dem Fall von Korruption weiter nachzugehen. Selbst wenn ich keinen Erfolg hätte – mein Gewissen wäre beruhigt, denn ich hätte alles Mögliche getan. Das Geld, um das es ging, war zweimal soviel als ein durchschnittlicher Kameruner monatlich verdient. Ich fuhr zur Zollhauptverwaltung von Douala, berichtete einem oberen Zollbeamten von dem Fall und zeigte ihm die Dokumente als Beweis dafür, dass ich alle von mir erwarteten Zölle bezahlt hatte. Er sagte mir, dass er einschreiten würde, wenn das wirklich so geschehen sei. Allerdings habe sich der Vorfall in Bafoussam ereignet, in einem Distrikt, für das er nicht zuständig sei. Da es bereits später Nachmittag war und die Büros schon geschlossen waren, entschloss ich mich, die Nacht in Douala zu verbringen.

Am nächsten Tag kehrte ich zur Zollhauptverwaltung zurück, mit dem Vorsatz, den Zolldirektor zu sprechen. Als ich zu seinem Büro kam, sagte man mir, dass er in die Stadt gegangen sei und keiner wüsste, wann er wieder zurückkehre. Das Wartezimmer war voll; es hieß, der Direktor würde am nächsten Tag verreisen. Ich wartete von halb eins bis um Viertel nach neun am Abend, als einer der Sekretariatskräfte mich endlich in sein Büro führte. Ich trug ihm mein Anliegen vor. Am Ende fragte er mich, ob der Distriktvorsteher von meinem Fall wüsste. Ich erzählte ihm, dass ich nur den Brigadechef angetroffen hätte, der dem Distriktvorsteher untersteht. Ich hätte darauf bestehen sollen, den Distriktvorsteher zu sprechen, es wäre mein Bürgerrecht, erklärte der Zolldirektor. Der Distriktvorsteher müsse sich meines Problems annehmen. Ich versicherte ihm, dass ich den Distriktvorsteher aufsuchen und ihm Bericht erstatten würde, sollte es Komplikationen geben. Es war schon spät, so dass ich keine andere Wahl hatte, als eine zweite Nacht in Douala zu verbringen. Am dritten Tag kehrte ich zurück nach Dschang.

Am vierten Tag ging ich zum Zollamt von Bafoussam. Als ich das Sekretariat betrat, sah ich bekannte Gesichter. Ich äußerte meinen Wunsch, den Distriktvorsteher zu sprechen. Er fragte mich, warum ich den Chef sehen wollte, und ich erwiderte, es sei aus persönlichen Gründen. Da er darauf bestand, genau zu erfahren, was ich wollte, sagte ich, ich würde eine Botschaft des Zolldirektors aus Douala überbringen. Kurz darauf wurde ich zum Distriktvorsteher vorgelassen. Ich berichtete ihm von dem Vorfall und auch von dem, was der Zolldirektor mir gesagt hatte. Zu meiner größten Überraschung hatte der Distriktvorsteher keine Ahnung von den illegalen Machenschaften. Die beiden Beamten waren vorher bereits wegen Amtsmissbrauch entlassen worden. Er bat mich, zum Schwarzen Brett zu gehen und die Entlassungsurkunde einzusehen. Er versprach mir, dass er die 200.000 CFA von den beiden Beamten zurückfordern und mir persönlich übergeben würde. Wir tauschten die Adressen und er gab mir einen neuen Termin, um das Geld abzuholen. Dann sagte er mir noch, dass ich nicht zögern solle, ihn direkt zu kontaktieren, wenn ich in Probleme geraten sollte. Er war sehr nett – einfach, aber streng. Für mich war es, als würde ich träumen.

Zwei Wochen später ging ich zurück nach Bafoussam und holte mein Geld. Heute bin ich froh darüber, so gehandelt zu haben. Obwohl die Unternehmung sehr aufwändig war, hatte ich meine Zeit doch nicht verschwendet und einen Beitrag geleistet im Kampf gegen Korruption in Kamerun.

Eine andere Erfahrung in diesem Kampf machte ich zusammen mit unserer Sozialgruppe. Diese Gruppe trifft sich einmal im Monat. Die Mehrzahl ihrer Mitglieder lebt in Dschang. Ein Mitglied aus Bafang war an der Reihe, ein Treffen vorzubereiten. Wir entschlossen uns, mit zwei Autos von Dschang nach Bafang zu fahren, um Kosten zu sparen. Ich besitze einen Neunsitzer-VW-Bus, in dem ich einige Mitglieder mitnehmen konnte. Normalerweise braucht es ungefähr anderthalb Stunden, um von Dschang nach Bafang zu fahren. Unser Treffen sollte um sechs Uhr abends beginnen. Die beiden Autos verließen Dschang am späten Nachmittag. Das kleine Auto fuhr voraus. An der Stadtgrenze von Bafoussam, der größten Stadt auf dem Weg, gab es einen Checkpoint. Die beiden diensthabenden Gendarmen stoppten uns und einer fragte nach meinen Fahrzeugpapieren. Ich gab sie ihm, doch er wollte sie mir nicht zurückgeben. Zuerst dachten wir, er würde Spaß machen, aber nach einer Weile merkten wir, dass er Geschäfte machen wollte. Als wir ihn fragten, warum er meine Papiere einbehielt, behauptete er, die Versicherungspolice sei abgelaufen und mein Auto hätte keine Fahrsicherheitsprüfplakette. Kommerzielle Busse, die im Personenverkehr genutzt werden, müssen diese höhere Versicherungsstufe zahlen und diese Plakette erwerben, die ausweist, dass sie straßentauglich sind. Der Beamte dachte sicherlich, dass ich mit dem Bus einen unerlaubten Personentransport unternehmen würde. Wir sagten ihm, dass er sogar an der Art, wie wir gekleidet waren, sehen könne, dass wir nicht zahlende Kunden seien. Wir kamen mit unseren Ehepartnern und gingen gut angezogen auf eine Party. Doch dem Beamten war das egal.

Währenddessen begann eine Auseinandersetzung im Auto. Die einen forderten, dass man ihm „Geld für ein Bier“ als Bestechung geben solle, um Zeit zu gewinnen, die sehr wertvoll für uns war. Ich war dagegen der Meinung, dass ein so ein herzloser Mann gar nichts verdient hätte. Ich war in der Minderheit und gab auf, aber ich wollte ihm das Geld nicht geben. Für die Gruppe war es wichtig, dass man manchmal den eigenen Standpunkt aufgeben muss, auch wenn man sich im Recht weiß. Eine leichte Übung ist das nicht. Einer unserer Mitfahrer bot sich also an, das Geld zu übergeben. Er bot dem Beamten drei verschiedene Geldbeträge an, aber dieser versuchte mit seiner Verzögerungstaktik, den Preis in die Höhe zu treiben. Bis dahin war ich ruhig und geduldig geblieben, aber nun konnte ich mich nicht mehr zurücknehmen. Da ich mich während der ganzen Auseinandersetzung nicht vorgestellt hatte, konnte der Beamte mich für einen Taxifahrer halten. Ich stieg aus dem Auto, ging ruhig zu diesem Beamten hin und stellte mich vor. Ich sagte ihm, dass ich Chief einer großen Familie sei. Und das sei der Grund dafür, dass ich einen Kleinbus gekauft hätte, um es als Familienauto zu nutzen. Seine Antwort war, dass seine Familie größer als meine sei und er trotzdem keinen Bus hätte - als dürfte ich nur dann einen Kleinbus besitzen, wenn auch er einen hätte. Als ich merkte, dass die Situation zu eskalieren begann, sagte ich ihm, er könne gegen mich klagen, wir würden uns dann vor Gericht sehen. Er schrieb die Anzeige und unterzeichnete. Er behielt auch die Fahrzeugpapiere des Wagens. Als ich die Anzeige entgegen nahm, bemerkte ich, dass sein Name nicht darauf stand. Ich forderte ihn also auf, sich auszuweisen. Er sagte arrogant, dass ich die Anzeige jedem in der Brigade von Bafoussam zeigen könne, man wüsste dort, von wem sie ausgestellt wurde.

Wir fuhren direkt zum obersten Chef der Gendarmen. Ich schilderte ihm den Vorfall. Er vergewisserte sich, dass sich alles so zugetragen hatte, und empfahl uns, am nächsten Tag auf dem Rückweg von Bafang die Fahrzeugpapiere abzuholen. Am nächsten Morgen holten wir sie und fuhren glücklich zurück nach Dschang. Später erfuhr ich, dass dieser Beamte acht Tage später vom Dienst suspendiert worden war.

XVIII. Unsere Tochter Geraldine

Als Christen versuchen wir, allen unseren Kindern Eltern zu sein, die unter unserem Dach leben – seien es die von unseren Verwandten oder unsere Hausmädchen. Auf diese Art und Weise versuchen meine Frau und ich, das Evangelium umzusetzen. So zu leben, bedeutet allerdings auch, Opfer zu bringen. Zum Beispiel hatten wir einige Probleme mit unseren Hausmädchen. Vier Hausmädchen waren innerhalb von zwei Jahren gekommen und gegangen. Nur eines dieser vier war wirklich gut. Es verließ uns, weil es krank war. Wir hatten alles versucht, doch unsere Anstrengungen waren umsonst, es gab keine Anzeichen von Heilung, und so kehrte es zu ihren Eltern zurück. Mit den anderen drei Haushaltshilfen, man nennt sie in Kamerun Hausmädchen, hatten wir fürchterliche Erfahrungen. Wir erzählten also ei-

ner Freundin in Bamenda von unseren Problemen, ein gutes Hausmädchen in Dschang zu finden. Sie fand Geraldine, die bereit war, zu uns zu kommen und bei uns zu wohnen.

Geraldine kam im November 2002 zu uns. Sie hatte im Juni 2001 die höhere Schule ohne Abschlussprüfung verlassen müssen und kam zu uns unter der Bedingung, dass wir ihr Zeit geben sollten, die Prüfung zu wiederholen. Außerdem wollte sie gerne zwei Jahre bei uns bleiben. Maureen und ich nahmen ihre Bedingungen an. Wir erklärten ihr, dass es unser Ziel sei, dass jeder, der bei uns wohnt, in seinem Leben erfolgreich ist und dies auch uns stolz machen würde. Wir versuchten, unseren Kindern beizubringen, dass Geraldine nun ein Teil unserer Familie sei. Also verboten wir ihnen, Geraldine als Hausmädchen zu bezeichnen und sie verstanden unsere Argumentation. Geraldine wurde in ihre Aufgaben eingewiesen; sie war geduldig und arbeitete hart. So gewannen wir ihr Vertrauen und sie gewann unseres. Wir stellten sie unserem Freundeskreis als Teil unserer Familie vor. Man konnte diese Harmonie wirklich spüren. Doch an einem Samstagmorgen lief unser Sohn Atem weinend in unser Schlafzimmer. Er behauptete, dass Geraldine ihn geschlagen hätte, weil er sie Hausmädchen genannt hatte. Wir fragten ihn, ob es ihm erlaubt sei, sie so zu nennen. Er sagte: „Nein!“, und wir ließen ihn gehen. Atem wusste, dass er Unrecht hatte. Seit diesem Tag hatte keines unserer Kinder mehr das Wort Hausmädchen benutzt. Geraldine hatte ebenso einen Fehler gemacht, denn sie benutzte das Gesetz des Dschungels. Sie durfte die Kinder nicht schlagen. Der Fehler war begangen und konnte nicht mehr rückgängig gemacht werden. Hätten wir nun Geraldine ausgeschimpft, wäre das für Atem möglicherweise eine Stärkung seiner Position, aber auch der der anderen Kinder gewesen. Doch genau das wollten wir gerade verhindern. Geraldine hatte einen Fehler begangen, wie viele Jugendliche in ihrem Alter.

Eines Tages kam ihre Mutter zu Besuch nach Dschang. Sie bat uns, Geraldine wie unser eigenes Kind zu behandeln.

Sie hatte schon früh ihren Vater verloren. Es hat uns gefallen, wie ihre Mutter geredet hat. Mit der Zeit konnten wir Geraldine in ihrer Entwicklung positiv beeinflussen und Fehler korrigieren, was sie auch annahm. Ab April 2002 begann sie, ernsthaft für ihre Prüfungen zu lernen. Wir beteten dafür, dass Gott sie bei ihren Prüfungen begleitete. Ich sorgte dafür, dass eine meiner jüngeren Schwestern kam und sie etwas entlastete, so dass sie sich auf die Prüfungsvorbereitungen konzentrieren konnte. Geraldine verließ Dschang im Juni, um die Nachprüfung zu absolvieren. Im Juli wurden die Ergebnisse veröffentlicht: Geraldine war erfolgreich. Im August desselben Jahres starb ihre Mutter. Sie hatte nun niemanden außer uns, der ihr helfen konnte, besonders finanziell. Meine Frau und ich entschieden, sie als unsere Tochter anzunehmen. Mehrmals ermunterte ich sie, wenn sie weiterhin hart arbeiten würde und geduldig und gläubig sei, genau in der Art, wie wir lebten, dann würde sie im Leben erfolgreich sein. Nach ihrem zweijährigen Aufenthalt bei uns hatten wir geplant, dass sie einen Computerkurs belegen oder eine Arbeit in einem Krankenhaus annehmen könne.

Im November musste ich nach Washington DC fliegen. Zwei Wochen vor meiner Abreise entdeckte ich die American Green Card Lotterie. Bei dieser Lotterie geht es darum, dass Menschen aus aller Welt sich um ein amerikanisches Einreisevisum bewerben können. Das Los entscheidet, wer Glück hat, und sich bei der zuständigen amerikanischen Botschaft um ein Visum bewerben kann. Erfüllen die Bewerber die Ausreisebedingungen, erhalten sie das Visum. Damit können sie in die USA einreisen, dort arbeiten oder auch für immer dort bleiben. Ich diskutierte mit meiner Frau, ob wir Geraldine die Bewerbungsunterlagen für die Green Card Lotterie geben sollten, damit sie ihr Glück versuchen könne. Sie könnte eine der wenigen Auserwählten sein, wenn das Gottes Wille ist. Wir einigten uns, und Maureen zeigte ihr, wie man das Formular ausfüllt.

Die meisten unserer Freunde, die von meiner Reise in die USA wussten, brachten mir ihre Green Card Bewerbungen, damit ich sie nach Washington brächte. Ich fügte Geraldines Bewerbung hinzu und brachte so insgesamt zwanzig Bewerbungen nach Washington.

Im Dezember 2002 kehrte ich nach Kamerun zurück. Wir entschlossen uns im Januar 2003, dass Geraldine uns im Juli 2003 verlassen solle, um einen Computerkurs zu machen oder zu schauen, dass sie eine Ausbildung zur Krankenschwester beginnt. An einem Freitagmorgen im Juni 2003 ging ich zum Postamt, um unsere Post zu holen. Ich war hocherfreut, als ich einen Brief fand, der wie folgt adressiert war:

„UNITED STATES DEPARTEMENT OF STATE

KENTUCKY CONSULAR CENTER-WILLIAMSBURG, addressed to

MISS NGO NDJOCK GERALDINE

C/O CHIEF MORFAW C.N.

DSCHANG-CAMEROON"

Sprachlos hielt ich eine Minute lang den Brief in meinen Händen. Ich sagte laut „Danke Dir, Gott", um die Stille zu durchbrechen. Ich war verwirrt. Im Prinzip öffne ich nie einen Brief, der über meine Adresse an jemand anderen adressiert ist. Ich fragte mich nur, was sein würde, wenn er gar kein Bestätigungsschreiben enthalten sollte. Um sicher zu gehen, öffnete ich den Brief und sah, dass Geraldine die Green Card gewonnen hatte. Nun gab es keinen Zweifel mehr: Gott hatte unsere Gebete erhört, obwohl ihre Chancen auf Erfolg kleiner als ein halbes Prozent waren. In Nweh, meiner Muttersprache, gibt es ein Sprichwort, das sagt: „Gott ist es, der denjenigen, die keine Axt haben, das Feuerholz besorgt". Wenn die Auswahl der Green Card auf einer Qualifikation begründet wäre, hätte Geraldine die letzte aus den mehr als 20 Bewerbungen sein müssen, die ich aus Dschang mitnahm. Doch von all diesen Bewerbungen war sie die einzige, die genommen wurde.

Ich wollte ihr die Neuigkeit nicht alleine überbringen. Ich informierte zunächst Maureen. Sie machte einen solchen Freudensprung, dass man denken könnte, die Green Card sei für sie gedacht. Dann informierten wir Geraldine. Sie konnte fast nicht sprechen vor Glück. Es brauchte Zeit, bis sie verstand, dass die Green Card wirklich für sie war. Sie fiel Maureen in die Arme und sagte: „Mein Gott, Mummy, vielen lieben Dank!" Dann umarmte sie mich und sagte: „Daddy, vielen Dank!" Als die meisten unserer Freunde später von Geraldines Glück hörten, wollten sie wissen, woher Geraldine die Idee für die Bewerbung hatte. Ich sagte nur, dass es die „Arbeit Gottes" war. Geraldine verließ Kamerun im September 2004 und zog nach Washington, wo ein neues Kapitel ihres Lebens begonnen hat. Im Moment arbeitet sie in einem Altenheim und hat vor zu studieren.

XIX. Eine Rückblende

Heute haben wir viel Freude mit unseren sechs Kindern. Doch es gab auch Momente tiefster Depression. So waren wir einmal von Freunden zu einer Taufe in Bonn eingeladen. Wir nahmen Acha-Gisela, unser erstes Kind, mit. Sie war ein Jahr alt und hatte gerade mit dem Laufen begonnen. Während des Gottesdienstes verließ Acha-Gisela den Schoß ihrer Mutter und wollte zu mir kommen. Sie stolperte, fiel hin und stieß mit dem Gesicht gegen die Ecke der Kirchenbank. Nach ein paar Sekunden trat Blut aus ihrem Mund. Ihr Kleid war bereits mit Blut befleckt. Maureen und ich brachten sie sofort zum nächsten Krankenhaus. Ihre beiden oberen Milchzähne hatten ihre Lippe aufgeschlagen. Das Gesicht war geschwollen. Wir waren sehr in Sorge, auch, weil es der erste Unfall bei unserem Kind war. Der Arzt beruhigte uns und sagte, dass solche Unfälle zum Aufwachsen von Kindern gehörten und dass in ein paar Tagen alles wieder in Ordnung sein würde.

Das einzige Kind, dass uns früher nie Kopfschmerzen bereitete, war unsere zweite Tochter Eme-Claudia. Die größten Probleme hatten wir mit den Zwillingen, und sie begannen schon bei der Schwangerschaft. Maureen musste wegen der Schwangerschaft Weihnachten und Silvester 1997/98 im Krankenhaus verbringen. Die anderen Kinder, Acha-Gisela und Eme-Claudia, waren zu Hause bei mir. Dieses Jahr endete schlimm für unsere Familie. All das geschah genau zu der Zeit, als Maureen mit der Diplomarbeit beginnen wollte. Ihre Studienpläne waren erst einmal durchkreuzt. Als wenn diese Last nicht schon groß genug wäre - die Zwillinge kamen als Frühgeburten im siebten Monat statt im neunten zur Welt. Ein halbes Jahr nach ihrer Geburt bekamen Leke und Atem eine schwere Bronchitis und mussten für drei Wochen ins Krankenhaus. Es war Dezember und schon sehr kalt. Das Krankenhaus verließen die beiden mit vielen Medikamenten und einem Inhalationsgerät. Am Anfang inhalierten beide 20 Minuten lang, alle acht Stunden. Das bedeutet, dass diese Prozedur für jedes Kind dreimal am Tag vor sich ging. Als ihr Zustand sich besserte, wurden die Dosierung und die Häufigkeit der Anwendung reduziert. Regelmäßig gingen wir zum Kinderarzt zur Nachuntersuchung. Nach zwei Monaten konnte die Inhalationsprozedur eingestellt werden. Jedoch wiederholte sich das Szenario im Winter 1999. Im Winter 2000 hatten die beiden keine Bronchitis, da waren wir schon in Kamerun, wo die Temperatur nicht unter 15° Celsius fällt.

Nach der Bronchitis bekam Leke ein Hörproblem. Der Kinderarzt überwies uns zu einem Ohrenspezialisten. Das Ergebnis war, dass das eine Ohr nur zwei Prozent und das andere zehn Prozent Hörleistung aufwies. Das waren erschreckende Ergebnisse. Der Arzt erklärte, dass Leke ein Hörgerät tragen müsse, wahrscheinlich sein Leben lang. Dies war ein heikler Moment für uns. Der Computer zeigte an, dass er nur zu zwölf Prozent hörte, aber praktisch reagierte er normal auf Außengeräusche wie auf den Klang einer kleinen Glocke oder wenn man in die Hände klatschte. Wir sagten dem Arzt, dass wir über das Hörgerät nachdenken würden - und kamen nicht mehr wieder. Wir brachten alles im Gebet vor Gott. Heute hört Leke normal. Er besucht - wie sein Zwillingsbruder - die vierte Klasse der Grundschule.

Wegen Leke haben wir „Sterne gesehen“. Es war im ersten Jahr unserer Heimkunft, da klagte er eines Abends über Fieber. Maureen maß seine Temperatur: 38 Grad Celsius. Sie gab ihm Paracetamol, um das Fieber zu senken. Doch Dschang ist nicht Bonn, wo man den Krankenwagen holen kann. Maureen sagte, dass er wegen seines Krankseins bei uns schlafen könne. Also lag er in unserem Bett. Wir ließen die Tür unseres Schlafzimmers weit offen und das Licht an. Die anderen Kinder schliefen schon, Maureen und ich saßen noch im Wohnzimmer. Kurz vor Mitternacht wollte ich etwas aus dem Schlafzimmer holen. Ich konnte nicht glauben, was ich dort sah: In den zwei Stunden, hatte sich Lekes Zustand verschlimmert, er war bewusstlos. Ich war so verwirrt und traute mich nicht, das Kind allein zu versorgen, also lief ich zurück und rief: „Mummy, Mummy, komm und schau dir das an!" (Wir alle nennen Maureen „Mummy", so wie sie und die Kinder mich „Daddy" nennen). Ich hatte furchtbare Angst. Innerhalb von fünf Minuten saßen wir im Auto und fuhren zur Fiangep Poliklinik, die beste, die wir in der Stadt haben.

Ich war so nervös, dass ich das Auto dreimal abwürgte, auf einer Entfernung von einem Kilometer zwischen der Klinik und unserem Haus. Glücklicherweise lebt Dr. Asong, der Arzt und Geschäftsführer des Krankenhauses, nur 200 Meter von der Klinik entfernt. In unserer Panik fuhren wir direkt zu seinem Haus, obwohl es schon spät war. Ich sprang aus dem Auto und klingelte an der Tür. Er antwortete, und ich sagte ihm, dass Lekes letzte Stunde geschlagen habe. Er sagte, er würde kommen. Natürlich hatte er schon geschlafen. Als erfahrener Arzt beruhigte er uns erst einmal. Ich fragte ihn, ob er nicht mit uns in die Klinik kommen wolle und er sagte, dass er eine Schwester anrufen würde, die im Dienst war und ihr alles sagen würde, was zu tun sei. Er müsse nur dazukommen, wenn sich Lekes Zustand nicht verbessere. Wir fuhren in die Klinik. Maureen blieb dort und ich kehrte zurück, um nach den anderen Kindern zu schauen. Nach vier Tagen war alles wieder in Ordnung.

Der Arztberuf ist mehr als eine Quelle zum Geldverdienen. Er verlangt eine Menge Opfer, Geduld und Liebe. Wenn ich allein daran denke, wie oft ich schon Dr. Asong zu den unmöglichsten Zeiten um Rat aufgesucht habe, frage ich mich, wieviel Freizeit ihm wohl bleibt. Für mich sind Erfahrungen wie diese ein Wechselbad von schwierigen und schönen Momenten oder das, was das Leben, besonders das Familienleben, so lebenswert macht. Ansonsten wäre es eintönig und langweilig.

XX. Sechs Kinder – sechs Charaktere

Die Unterschiede zwischen unseren Kindern sind in einigen Aspekten so groß wie zwischen Tag und Nacht. Bei anderen Dingen kann man ganz klar sehen, dass sie aus einem Haus kommen. Acha-Gisela ist zum Beispiel die Intelligenteste in der Schule. Sie besteht ihre Prüfungen bis jetzt immer mit Eins. Jetzt lernt sie am Fokolar-Gymnasium "Our Lady Seat of Wisdom", demselben Gymnasium, das ich einst besuchte. In der Grundschule war Acha-Gisela mehrere Male Klassensprecherin und zum Schluss Schulsprecherin. Im Gymnasium hat sie diese Führungstalente weiter entwickelt. Wenn sie in den Schulferien nach Hause kommt, hilft sie im Haushalt, sie ist pünktlich, sparsam und zuverlässig.

Doch es ist Atem, der versucht, dass beste „All-round"-Kind zu sein. Er liebt es, andere zu unterhalten und besitzt den so genannten gesunden Menschenverstand und viel Sympathie. Zur Zeit besucht er die vierte Klasse und besteht seine Prüfungen wie Acha-Gisela mit Eins. Gut tanzen und malen kann er auch - er ist wirklich ein richtiger Spaßvogel.

Eme-Claudia weint am meisten. Sie ist zurückhaltend, versucht aber, ihren eigenen Willen so weit wie möglich zu verteidigen. Meine Frau und ich versuchen immer noch, sie zu überzeugen, dass das Leben nicht so einfach ist, wie sie es haben will. Manchmal verzichtet sie auf das Mittag- oder Abendessen, weil sie das, was auf den Tisch kommt, nicht mag. Es ist auch fast immer ein Theater, wenn sie ihr Zimmer aufräumen oder ihre Schuluniform waschen muss. Eme-Claudia arbeitet ziemlich ungern. Auf der anderen Seite ist sie sehr kreativ und viel kritischer als die andere Kinder. Wenn sie Lust hat, kann sie Höchstleistung bringen. Ab September 2007 geht sie aufs Gymnasium.

Nkeng-Dirk ist unser jüngstes Kind, unser Benjamin. Er wurde am 19. Juli 2005 geboren. Alle seine älteren Geschwister sind in Deutschland zur Welt gekommen. Er ist in Kamerun geboren. Nkeng-Dirk ist ein besonderes Kind. Nach der Geburt der Zwillinge waren wir sehr glücklich und wollten mit vier Kindern keine weiteren Kinder mehr. Nach unserer Rückkehr nach Kamerun erhöhte sich der Druck, dass ich mehrere Frauen nehmen solle, weil der Palast mehr Kinder brauche. Ich lehnte dieses Ansinnen ab. Als Kompromiss habe ich mir noch ein Kind gewünscht; aber mit derselben Frau, mit Maureen. So kam Nkeng-Dirk mit der Hilfe Gottes zu Welt. Es ist ein sehr lebhafter Junge; mit zehn Monaten lief er schon und versuchte, viel zu reden.

Leke ist ein hitziger Geselle, der nicht davor zurückschreckt, zu kämpfen. Er ist größer und stärker als Atem, sein Zwillingsbruder. Leke verbringt mehr Zeit mit mir und Atem mit seiner Mutter. Am Anfang teilten wir das Essen immer auf beide auf. Die anderen Kinder aßen und waren zufrieden, nicht aber Leke. Manchmal, wenn das Essen serviert wurde, weinte er und sagte, dass seine Portion zu klein sei. Er sagte nicht, dass die anderen mehr als er bekommen hätten. Nein, was die anderen bekamen, hatte ihn nicht wirklich interessiert. Er sagte nur, dass er mehr brauche. Wir hätten ihm beinahe den Namen „Herr Mehr“ verpasst. Doch dann wurde uns klar, dass es verschiedene Charaktere waren. Warum sollten wir ihre Mägen gleichschalten wollen? Seitdem bekommt Leke einfach mehr Essen als die anderen Kinder und die anderen nehmen das an.

XXI. Der Rainbow Bilingual Kindergarten und die Primary School Dschang

Der "Rainbow Bilingual Kindergarten and Primary School Dschang" (englisch-französischsprachig) ist eine Privatschule wie jede andere in unserem Land. Konkret bedeutet es, dass Schulgeld bezahlt werden muss, um diese Schule zu finanzieren. Zur gleichen Zeit ist sie aber auch eine besondere Schule, weil sie unterschiedliche Ziele hat. Rainbow School ist ein Pilotprojekt. Sie ist nicht ein Unternehmen wie andere, wo Profitmaximierung Ziel ist. Weil das Niveau höher als in den anderen Kindergärten und Grundschulen in Dschang ist und die Aufnahmekapazität begrenzt ist, versuchen wir, nicht nur Kinder von wohlhabenden Familien aufzunehmen. Die Rainbow School zeichnet sich - im Vergleich zu traditionellen Schulen - durch folgende Besonderheiten aus:

- Grundkenntnisse am Computer
- Deutsch als Fremdsprache
- Schulbusse für Kinder, die weit entfernt wohnen
- Unfall-Versicherung für alle Kinder
- Mittagessen in der Schule
- pro Klasse maximal 35 Kinder
- keine Prügelstrafe
- Achten auf Ordnung und Sauberkeit
- Zusammenarbeit mit den Eltern der Kinder
- Praktikumsplätze für deutsche Studierende und Erzieherinnen

Der Klassendurchschnitt in den öffentlichen Schulen in Dschang liegt bei 75 Kindern. Es gibt extreme Klassenstärken mit mehr als 100 Kindern pro Klasse. Meine Frau und ich sind die einzigen Schulträger, in Dschang und Umgebung, die Pädagogik studiert haben. Das ist ein Vorteil. Dreimal jährlich bieten wir Lehrern und Erzieherinnen Weiterbildungsseminare an. Immer wieder kontrollieren wir die Klassen und stehen im Dialog mit Schülern und Eltern

Es war und es ist immer noch nicht einfach, unser Projekt nach unseren Wunschvorstellungen zu realisieren. Gute Bildung kostet eine Menge Geld, doch wir bekommen keine finanzielle Unterstützung von unserer Regierung. Wir haben auch eine Schuluniform eingeführt, damit man die Kinder der reichen und der armen Eltern nicht von der Kleidung unterscheiden kann.

Trotz aller Schwierigkeiten bekommen wir positive Rückmeldungen von Eltern über das hohe Leistungsniveau unserer Schule. Unsere erste deutsche Praktikantin war Alexandra Neimeier aus Warburg. Danach ist Dominika Globisch aus Gütersloh gekommen. Sie arbeitet im Kindergarten, unterrichtet Deutsch und bildet die Schüler im Umgang mit Computern aus. Wir sind überzeugt, dass sich Kindergarten und Grundschule positiv entwickeln.

Die Grundschule in Kamerun dauert sechs Jahre. Unsere Schule hat zur Zeit 16 Lehrer für 290 Kinder. Wir wollen den Klassendurchschnitt unter 20 Schüler halten, damit der Lehrer besonders viel Zeit für die Kinder hat, die langsam lernen. Regeln sind festgelegt, zum Beispiel, wie ein Kind Klassensprecher sowie Schulsprecher werden kann. Ab der dritten Klasse wird in jeder Klasse ein Mädchen als Klassensprecherin und ein Junge als Klassensprecher ausgewählt. Um Klassensprecher zu werden, muss das Kind intelligent und bei seinen Kameraden beliebt sein. So fängt Demokratie an. Wir bilden auch eigene „Rainbowreporter" aus und haben unter anderem auch eine Ballettgruppe. Bis zur sechsten Klasse erwarten wir 400 bis 500 Kinder. Ich bin sicher, dass diese Schule eine gute Zukunft hat.

XXII. Ermutigung auf meinem Weg: Brief von Erzbischof Paul Verdzekov vom 12. Mai 2006

Im Mai 2006 erhielt ich vom Erzbischof von Bamenda eine persönliche Würdigung in Form eines Briefes. Er schrieb mir aufgrund meiner Entscheidung, eine monogame Ehe zu führen, also nur eine Frau zu heiraten, obwohl ich – der Tradition gehorchend – als Chief eigentlich der polygamen Ehe verpflichtet wäre. Der Brief, der ursprünglich nicht für eine Veröffentlichung gedacht war, ist im folgenden in seiner Originalform wiedergegeben. Zuvor schrieb ich jedoch einen Brief an Chiara Lubich, in dem ich ihr meinen Konflikt um meine Entscheidung gegen die Polygamie darstellte. Sie antwortete mir und gab mir Rat. Am Ende ihres Briefes versprach sie mir, dass sie all meine Sorgen und Nöte in ihr Gebet aufnehmen wolle. Ihr Brief war mir ein großer Trost; mehr noch: Ich bin mir sicher, dass ihre Gebete gewirkt haben.

Wir trafen den Erzbischof im Sommer 2003, als ich anlässlich einer Veranstaltung in Fontem - gemeinsam mit Maureen - einen Vortrag über unseren Weg als Ehepaar hielt und dort meine Entscheidung verkündete, als Chief monogam zu leben.

Sein Brief ist eine Reaktion auf dieses Treffen, an dem auch Vertreter des kamerunischen Adels teilnahmen. Er beschreibt unter anderem, wie einige traditionelle Herrscher, die getaufte Katholiken sind, auf ihn zukamen und ihn um eine kirchliche Sondererlaubnis baten, damit sie auch als Polygamisten zur Eucharistie gehen könnten. Dieses Beispiel zeigt eines von vielen Problemen in unserer kamerunischen Gesellschaft auf: Wir versuchen immer, unsere falschen Entscheidungen mit den Fehlern anderer zu rechtfertigen. Die Menschen wollen nicht für das verantwortlich sein, was sie sagen und anstellen. Nach der Meinung dieser traditionellen Herrscher ist es ja nicht ihr Fehler, dass sie polygam leben, sondern es obliegt ihnen aufgrund der Tradition. Politiker manipulieren und verführen das Volk immer wieder mit dem Argument der Tradition. Wahrheit und Aufrichtigkeit sind relative Güter geworden.

Diese Problematik ist für mich eine Frage meines Glaubens geworden. Sie hat mich eine lange Zeit beschäftigt und wird es auch zukünftig noch tun. Daher entschied ich mich, auch diesen Teil meiner noch relativ jungen Lebensgeschichte mit Ihnen zu teilen. Jeder, der ganz auf Gott vertraut, wird Glück im Leben haben. Das Leben kann für ihn keine Enttäuschung sein.

Versuchen Sie es!

(Ich habe den Brief des Erzbischofs an dieser Stelle in seiner Originalform dargestellt. Jedoch möchte ich betonen, dass dieser Brief eigentlich nicht zur Veröffentlichung gedacht war.)

Archbishop's House
P.O.B. 82 Bamenda
North-West Province
Republic of Cameroon

12th May 2006

Your Highness,

1. On Sunday, 01st of June 2003, the Fontem Zone of the Work of Mary, the Focolare Movement, enabled the Archdiocese of Bamenda to celebrate a one-day Marian Congress based on the Rosary. After Holy Mass in the Cathedral, the Members of the Movement delighted the Christians of Bamenda with extremely well-prepared and profoundly instructive and educational activities in the Cathedral Parish Hall: You and your beloved spouse played a vital role, along with other members of the Focolare Movement, in the activities of that memorable day.
2. On the occasion of that Marian Congress, you and your beloved Spouse shared with us your experience of the extremely trying struggle that you endured in order to be faithful, and coherent, as believing Catholics, to the UNITY of Marriage. Your testimony, your experience of what you went through in this vital issue the UNITY of Marriage, was, for me, something truly admirable, something deserving to be highly and publicity appreciated, and made widely known. That is why I have always felt a compelling urge and desire to write and thank you, and your beloved Spouse, for your admirable public witness and fidelity to the Good News of Jesus on the UNITY of Mar-

riage, and for your willingness to share your experiences with us at Bamenda on 01st June 2003.

3. When you became a Traditional Ruler, a number of our people, men and women, considered it as the most normal thing in the world, that you, Chief Forbellah Morfaw, should now have a plurality of wives. This was their spontaneous expectation. In order to be faithful to our traditions, they believed, you ought to accept to have a plurality of wives. There were even those who believed that by not accepting to have a plurality of wives, you were not only being unfaithful to our traditions, but that you were placing the very continuation and survival of the lineage in danger!

4. Those who directly, explicitly, and persistently put pressures upon you, asking you to take on a plurality of wives as a sign of your fidelity to our ancestral traditions, never thought, for once, that polygamy is diametrically opposed to the dignity of women. They never gave any thought on the radical and fundamental equality contradicted by polygamy. Furthermore, they never considered it as relevant, or as a matter of importance, that if you became a polygamist, you would thereby be unfaithful to a fundamental teaching of Jesus' Good News about Marriage. For, indeed, a Catholic who accepted polygamy would thereby be living a reality incoherent with the Catholic Faith.

5. In the face of the strong and persistent pressures mentioned above, you and your Spouse stood firm. Lovingly and courteously. But firm! You upheld, and continue to uphold, to this day, your adherence to the Catholic Faith which teaches us about the UNITY and INDISSOLUBILITY of Christian Marriage.

6. Perhaps those who expected you, as a Traditional Ruler, to become a polygamist, as a sign of your

conformity with our ancestral traditions, thought that they were being faithful to what our Church calls INCULTURATION. However, they were very highly mistaken, in this regard, about what genuine Inculturation is all about. "The power of Gospel everywhere transforms and regenerates. When that power enters into a culture it is no surprise that it rectifies many of its elements. There would be nor Catechesis if it were the Gospel that had to change when it came into contact with the cultures. To forget this would simply amount to what Saint Paul very forcefully calls 'emptying the Cross of Christ of its power' (1 Cor, 1:17)... True Catechesis eventually enriches these cultures by helping them to go beyond the defective of even inhuman features in them, and by communicating to their legitimate values the fullness of Christ" (John Paul II. Apostolic Exhortation CATECHESI TRADENDALE, no. 53).

7. By your courageous, public and coherent witness to the UNITY of Marriage, a UNITY which absolutely excludes polygamy, you are proclaiming, loud and clear, by your own life and example, that it is perfectly possible for someone to be, at once, a traditional Ruler, and a fully believing, coherent, practicing Catholic,. You bear public and credible witness to the truth of the Teaching of Pope John Paul II just quoted in number 6 of this letter. I thank you immensely because your courageous witness, as one who is at one and the same time, a Traditional Ruler and a coherent and faithful Catholic, is something of very great importance in this country.

8. In this Apostolic Exhortation, FAMILIARIS CONSORTIO – On the Role of the Christian Family in the Modern World, John Paul II. of blessed memory, has something extremely, important to tell us about the Indivisible Unity of Conjugal Communion. He says

that: "such a communion is radically contradicted by polygamy: this, in fact, directly negates it is contrary to the equal personal dignity of women who in matrimony give themselves with a love that is total and therefore unique and exclusive" (FAMILIARIS CONSORTIO no. 19). Something between 1970 and 1982, i. e., before the erection of the Diocese of Kumbo, a number of Traditional Ruler who were also baptized Catholics met me in a Parish Presbytery where I was on a pastoral visit. In their conversation with me, they seriously expressed their wish and desire that the Church would grant Traditional Rulers a special concession, the concession according to which a Traditional Ruler could be a polygamist, and, at the same time, be considered as a fully-fledged and coherent Catholic with the right to receive Holy Communion1 They imagined that the UNITY of Christian Marriage is purely a matter of ecclesiastical discipline susceptible to an ecclesiastical dispensation! They did not realize that the UNITY of Christian Marriage, a UNITY diametrically contradicted by polygamy, is a matter of DIVINE LAW, a law which the authority of the Church has no power whatsoever to change.

9. The catechism of the Catholic Church, based on the Word of God, teaches us with unambiguous clarity: "The unity of marriage, distinctly recognized by our Lord, is made clear in the equal personal dignity which must be accorded to man and wife in mutual and unreserved affection. Polygamy is contrary to conjugal love which is undivided and exclusive" (Catechism of the Catholic Church, no. 1645).

10. It is to this Good News of Jesus Christ on the UNITY of Marriage that you, a Traditional Ruler, and your beloved Spouse, pay admirable witness, publicly, by your life of mutual fidelity. The Catechism of the Ca-

tholic Church tells us that "It can seem difficult, even impossible, to bind oneself for life to another human being. This makes it all the more important to proclaim the Good News that God loves us with us a definitive and irrevocable love, that married couples share in this love, that it supports and sustains them, and that by their own faithfulness they can be witness to God's faithful love. Spouses who with God's grace give this witness, often in very difficult conditions, deserve the gratitude and support of the ecclesial community" (Catechism of the Catholic Church, no. 1648).

11. It is because of the foregoing words of the Catechism of the Catholic Church that I feel a compelling urge to thank you, a Traditional Ruler, and your beloved Spouse, for the public witness that both of you bear to the UNITY and INDISSOLUBILITY of Christian Marriage. As already mentioned earlier, both of you shared with us your marvellous experience in this regard at a Marian Congress organized by the Members of the Fontem Zone of the Focolare Movement held at Bamenda on 01st June 2003. I am convinced that the Focolarini and Focolarine oth the Cittadella Maria Mai, Fontem, have given both of you, and your children, sustained, total and committed love and support so that you might be able to bear witness, in your mutual nuptial love, to God's own definitive, unconditional, and irrevocable love for each and every human being. May He abundantly bless you, today, and always.

ARCHDIOCESE OF BAMENDA CAMEROON

Yours devotedly in Christ,

+ Paul Verdzekov

+ Paul Verdzekov
Archbishop Emeritus of Bamenda.

Übersetzung:

Eure Hoheit,

1. Am Sonntag, dem 1. Juni 2003, veranstaltete das Marianische Zentrum der Fokolare in Fontem gemeinsam mit der Erzdiözese Maede einen eintägigen Mariologischen Kongress zum Rosenkranz. Nach der Heiligen Messe in der Kathedrale erfreuten Mitglieder der Fokolargemeinschaft die Christen von Bamenda mit Informations- und Lehrveranstaltungen im Kathedralzentrum, die äußerst gut vorbereitet waren: Sie und Ihre geliebte Ehefrau spielten an diesem denkwürdigen Tag eine zentrale Rolle unter den Mitgliedern der Fokolarbewegung.

2. Anlässlich des Mariologischen Kongresses teilten Sie und Ihre Ehefrau mit uns ihre Erfahrungen dieser äußerst herausfordernden Auseinandersetzungen, die Sie durchstanden, um als gläubige Katholiken treu und folgsam dem Ideal der EINHEIT der Ehe zu leben. Ihr Zeugnis, Ihre Erfahrungen dessen, was Sie alles für die EINHEIT der Ehe durchmachten, waren für mich wahrlich bewundernswert – etwas das es verdient, auf höchster Ebene geehrt zu werden und das eine weite Kunde machen sollte. Daher hatte ich schon lange den Wunsch gehegt, zu schreiben und Ihnen und Ihrer Ehefrau zu danken für Ihr bewundernswertes öffentliches Zeugnis und ihren Glauben an die Gute Nachricht Christi über die EINHEIT der Ehe und für Ihre Bereitschaft, diese Erfahrungen mit uns am 01. Juni 2003 zu teilen.

3. Als Sie zum traditionellen Herrscher erkoren wurden, sah es eine Reihe von unseren Einwohnern, Männern wie Frauen, als eine Normalität an, dass Sie nun, Chief Forbellah Morfaw, eine Vielzahl von Frauen um sich scharen sollten. Dieses waren ihre spontanen Erwartungen. Man dachte, dass Sie allein aufgrund unserer Tradition viele Frauen annehmen sollten. Mehr noch: es gab welche, die meinten, dass Sie in Ihrem Handeln nicht nur unserer Tradition untreu wurden, sondern, dass Sie sogar die Kontinuität – und damit das Bestehen der herrschaftlichen Linie in Gefahr brachten!

4. Solche, die ihren Druck direkt, ausdrücklich und andauernd auf Sie ausübten, damit Sie als ein Zeichen Ihrer Treue zu den Traditionen der Vorväter viele Frauen annehmen, haben niemals, auch in keinem Moment, daran gedacht, dass Polygamie diametral gegen die Würde der Frau steht. Nie haben sie einen Gedanken daran verschwendet, dass Polygamie der radikalen und fundamentalen Gleichheit beider Partner widerspricht. Mehr noch: Sie haben es nicht in Anbetracht gezogen oder für wichtig genommen, dass man, wenn man ein Polygamist ist, damit von der fundamentalen Lehre Jesu über die Frohe Botschaft der Ehe abweicht. Denn es ist in der Tat so, dass ein Katholik, der die Polygamie hinnimmt, damit in einem Zustand lebt, der mit dem katholischen Glauben unvereinbar ist.

5. Gegen diese eben beschriebene Druckkulisse hielten Sie und Ihre Ehefrau stand, höflich und mit Liebe – aber mit Nachdruck! Sie hielten – und halten bis heute fest am katholischen Glauben, der uns über die EINHEIT und UNAUFLÖSLICHKEIT der Ehe lehrt.

6. Vielleicht meinten die, die von Ihnen als dem traditionellen Herrscher erwarteten, dass Sie als Zeichen Ihrer Übereinstimmung mit den Traditionen der Vorväter Polygamist werden, dass sie damit mit dem übereinstimmen, was unsere Kirche unter INKULTURATION versteht. Doch in diesem Sinne unterlagen sie einem großen Missverständnis darüber, was Inkulturation ist. „Die Kraft des Evangeliums wirkt überall umgestaltend und erneuernd. Wenn sie eine Kultur durchdringt, was sollte es wundern, wenn sie davon auch zahlreiche Elemente korrigiert? Es würde sich nicht mehr um Katechese handeln, wenn es das Evangelium wäre, das sich beim Kontakt mit den Kulturen ändern müsste. Wollte man dies vergessen, so würde man damit enden, was der heilige Paulus mit einem sehr starken Ausdruck „das Kreuz Christi um seine Kraft bringen“ nennt (1Kor, 1:17) (...) die echte Katechese bereichert am Ende diese Kulturen, indem

sie ihnen beim Überwinden von Mängeln oder gar unmenschlichen Zügen, die in ihnen vorhanden sind, hilft

und ihren rechtmäßigen Werten die Fülle Christi schenkt. (Papst Johannes Paul II.: Apostolisches Schreiben "Catechesi Tradendae", Nr. 53)

7. Mit Ihrem couragierten, öffentlichen und anhaltenden Zeugnis der EINHEIT der Ehe, einer EINHEIT, die Polygamie absolut ausschließt, verkünden Sie mit Ihrem Leben und Ihrem Vorbild, laut und klar, dass es wunderbar möglich ist, beides zu sein: ein traditioneller Herrscher und zugleich ein praktizierender, gläubiger Katholik. Sie geben öffentlich und glaubwürdig Zeugnis für die Wahrheit der Lehre Papst Johannes Pauls II., die ich eben zitiert habe. Ich danke Ihnen vielmals, denn Ihr beherztes Zeugnis, eines traditionellen Herrschers und gläubigen Katholiken, ist von einer immensien Bedeutung in diesem Land.

8. Im seinem apostolischen Schreiben FAMILIARIS COSORTIO – über die Rolle der christlichen Familie in der modernen Welt, hatte Johannes Paul uns etwas extrem Wichtiges zu sagen über die untrennbare Einheit der ehelichen Gemeinschaft: „Einer solchen Gemeinschaft widerspricht radikal die Polygamie: Sie leugnet in direkter Weise den Plan Gottes, wie er am Anfang offenbart wurde; denn sie widerspricht der gleichen personalen Würde von Mann und Frau, die sich in der Ehe mit einer Liebe schenken, die total und eben deshalb einzig und ausschließlich ist.“ (Familiaris Consortio no.19). Irgendwann zwischen 1970 und 1982, also bevor die Diözese Kumbo errichtet wurde, traf sich eine Reihe traditioneller Herrscher, die getaufte Katholiken waren, mit mir bei einem Gemeinderatstreffen, als ich auf einer Pastoralreise war. Bei unserem Gespräch drückten sie nachdrücklich ihren Wunsch aus, dass die Kirche den traditionellen Herrschern eine Sondererlaubnis zugestehe: Die Erlaubnis, dass diese Herrscher weiterhin Polygamisten sein können und gleichzeitig als vollwertige Mitglieder der katholischen Kirche angesehen würden – mit dem Recht auf den

Empfang der Heiligen Kommunion. Sie dachten sich, dass die EINHEIT einer Christlichen Ehe lediglich eine kirchliche Disziplin sei, von der man befreit werden könne. Sie erkannten nicht, dass die EINHEIT der christlichen Ehe von göttlichem Recht ist, eine EINHEIT, diametral entgegengesetzt der Polygamie, ein Gesetz, über das Kirche keinerlei Gewalt hat, dies zu ändern.

9. Der Katechismus der katholischen Kirche, der auf Gottes Wort basiert, lehrt uns mit eindeutiger Klarheit: „Wenn wirklich durch die gegenseitige und bedingungslose Liebe die gleiche personale Würde sowohl der Frau wie des Mannes anerkannt wird, wird auch die vom Herrn bestätigte Einheit der Ehe deutlich" (GS 49,2). Die Polygamie widerspricht dieser gleichen Würde der Gatten und der ehelichen Liebe, die einzig und ausschließlich ist.“ (Katechismus der katholischen Kirche, Nr. 1645).

10. Diese Worte der Guten Nachricht Jesu über die EINHEIT der Ehe bezeugen Sie, ein traditioneller Herrscher und ihre geliebte Ehefrau, öffentlich mit dem Beispiel Ihres Lebens in gegenseitiger Treue. Der Katechismus der katholischen Kirche sagt uns: „Sich lebenslang an einen Menschen binden, kann schwierig, ja unmöglich erscheinen. Umso wichtiger ist es, die frohe Botschaft zu verkünden, dass Gott uns mit einer endgültigen, unwiderruflichen Liebe liebt, dass die Gatten an dieser Liebe teilhaben, dass diese sie trägt und stützt, und dass sie durch ihre Treue Zeugen der treuen Liebe Gottes sein können. Die Gatten, die mit der Hilfe Gottes in oft sehr schwierigen Verhältnissen dieses Zeugnis geben, verdienen den Dank und den Beistand der kirchlichen Gemeinschaft.“ (Katechismus der katholischen Kirche, Nr. 1648).

11.Wegen dieser vorangehenden Worte des Katholischen Katechismus empfinde ich dieses dringende Bedürfnis, Ihnen, einem traditionellen Herrscher und Ihrer geliebten Ehefrau für Ihr öffentliches Zeugnis zu danken, das Sie für EINHEIT und UNAUFLÖSLICHKEIT der Ehe geben. Sie beide teilten zusammen Ihre vorzüglichen Erfahrungen in dieser Hinsicht mit uns bei dem Mariologischen Kongress, der von den Mitgliedern der Fokolarbewegung am 01. Juni 2003 in Bamenda organisiert wurde. Ich bin überzeugt, dass die Fokolare der Cittadella Maria Mai in Fontem Ihnen und Ihren Kindern Unterstützung und Liebe haben zukommen lassen, dass Sie für jeden Menschen Zeugnis dieser gegenseitigen Liebe, von Gottes eindeutiger, voraussetzungsloser und unverlierbarer Liebe geben können. Möge ER Sie unaufhörlich segnen, heute und alle Tage.

In Christus verbunden,

Paul Verdzekov

(Emeritierter Erzbischof von Bamenda)

Bildbeschreibungen

S.10 Chief Charles Morfaw vor einem Gebäude der Universität Bonn.

S.20 Chief Charles Morfaw und Chiara Lubich in Paderborn 2000.

S.25 Auf diese Weise trug man Trinkwasser, bevor die Zu stände durch das Bellah-Wasserprojekt verbessert wurden.

S.26 Karte von Kamerun. Quelle: Wikipedia

S.34 Eine Gruppe von Ehrenmännern von benachbarten Dörfern, die zur Inthronisation von Forbellah Charles Morfaw am 1. Januar 1991 anreisten.

S.35 Der Herrschaftsthron von Bellah.

S.37 Die Inthronisationszeremonie von Forbellah Charles Morfaw am 6. Januar 1991.

S.38 Das erste offizielle Foto von Forbellah Charles Morfaw nach seiner Inthronisation.

S.39 Forbellah C.M. nimmt Teil an der Beerdigungszeremonie für seinen Onkel S.A.K. Morfaw im April 1994.

S.40 Hochzeit von Charles und Lady M Morfaw in Bonn am 7. August 1993.

S.42 Forbellah C.M. inmitten seiner Kollegen während seines Studentenjobs in den Semesterferien 1996 bei Bayer in Leverkusen.

S.46 Chief C. M. und Papst Johannes Paul II. im Vatikan, im Sommer 1991.

S.47 Chief C.M. seine Frau Maureen Morfaw mit dem Amerikanischen Präsidenten Bill Clinton während eines Staatsbesuchs in Bonn.

S.49 Chief C.M. und Maureen Morfaw mit dem damaligen Außenminister Klaus Kinkel bei einer Feier in Bonn 1996.

S.51 Gruppenbild vor dem Palast von 1994.

S.52 Taufe von Eme-Claudia, der zweiten Tochter von Charles und Maureen Morfaw in Bonn, im August 1997.

S.53 Die Trinkwasserquelle in Bellah vor der Realisierung des Trinkwasserprojektes.

S.54 Einweihung des Trinkwasserprojektes von Bellah 2001.

S.57 "Nkem Lohrer" (Dr.med. Helmut Lohrer) ein Dorfratsmitglied von Bellah bei einem Gemeindefest im Jahr 2001.

S.58 Acha-Gisela, die erste Tochter von Charles und Maureen Morfaw im Alter von 13 Monaten beim Essen in Bonn, März 1995.

S.60 Maureen Morfaw und Atem, einer der Zwillinge bei seiner Inhalationstherapie im Februar 1999.

S.61 Fiagep Wasserfall in Fontem.

S.62 Patiententransport von Bellah zum „Mary Health Hospital" im 8km entfernten Fontem.

S.63 Vor der Realisierung des Bellah-Wasserprojekts bedurfte es eines Fußweges von einem Kilometer, um Wasser zu holen.

S.64 Chief C.M. und seine Tochter Acha-Gisela mit Mafua Fontem und dem bekannten Tänzer Esuah Forkem während des zehnjährigen Thronjubiläums Chief C.M.s im Jahr 2001.

S.65 Frische Paprika auf dem Dorfmarkt.

S.73 Chief C.M. und seine Frau bei den Bauarbeiten des ersten Gebäudes der Rainbow School im September 2003.

S.78 Kinder aus Bellah auf ihrem Weg zur Grundschule im Nachbarort, September 2006.

S.81 Rainbow-Kinder bei der Pause im November 2005.

S.85 Blick in ein Klassenzimmer in der Rainbow School in Dschang, Januar 2004.

S.86 Ankunft der Regierungsvertreter, angeführt von S.D.O. Mr. Ateba Awana (Regierungspräsident) bei der offiziellen Eröffnung der Rainbow School im November 2003.

S.88 Chief C.M. und Erzbischof Paul Verdzekov von Bamenda im Gespräch im Juni 2003.